《线装国学馆》

资治通鉴

精华版

第一卷

资治通鉴

线装国学馆

图书在版编目（CIP）数据

资治通鉴：精华／《线装国学馆》编委会编．—北京：中国画报出版社，2011.12（2019.5重印）

（线装国学馆）

ISBN 978-7-5146-0285-2

Ⅰ.①资… Ⅱ.①线… Ⅲ.①中国历史：古代史—编年体②资治通鉴—注释③资治通鉴—译文 Ⅳ.①K204.3

中国版本图书馆CIP数据核字(2011)第221375号

线装国学馆·资治通鉴（精华）

◎出版人　于九涛
◎总策划　杜　京
◎原　著　宋·司马光
◎编　著　线装国学馆编委会
◎责任编辑　李　媛
◎出版发行　中国画报出版社
◎地　址　北京海淀区车公庄西路三十三号
◎电　话　八八四一七三五九
◎网　址　www.zghbcbs.com
◎印　刷　三河市双峰印刷装订有限公司
◎监　印　焦　洋
◎开　本　十六开（889×1194）
◎印　张　四十
◎字　数　三百一十八千字
◎版　次　二〇一一年十二月第一版
◎印　次　二〇一九年五月第三十次印刷
◎定　价　一百九十八元（全四卷）

资治通鉴

线装国学馆

序言

《资治通鉴》是北宋著名史学家、政治家司马光及其助手根据大量的史料编撰而成的一部编年体史书。所记历史，自周威烈王二十三年（前四〇三年）开始，到后周世宗显德六年（九五九年），共记载一千三百六十二年的史实，是我国编年史中涵盖时间最长的一部巨著。全书共分为二百九十四卷，共计三百多万字。

《资治通鉴》主编司马光，字君实，陕州夏县（今山西夏县）涑水乡人。后人因为他著有《涑水记闻》，又称他为涑水先生。司马光生活在北宋中期，仁宗时进士，历任仁宗、英宗、神宗三朝，卒于元祐元年，年六十八岁。去世后追赠太师、温国公，谥文正。

司马光不但是史学家、政治家，而且他在经济上、哲学上、文学上都有非常重要的贡献。他为人诚笃正直，勤奋好学，政治态度保守，和王安石私交甚笃，但反对其变法，在北宋有极高的声望。

治平三年（一〇六六年），司马光编撰成一部战国至秦共八卷本的编年史，进呈宋英宗。宋英宗让其继续写作，并为他在秘阁设置了书局，协助修书。两年后神宗即位，在听司马光讲读了该书的部分内容后，十分赞赏，以其『鉴于往事，有资于治道』，于是赐名《资治通鉴》，并亲自撰写了序文。后司马光退居洛阳，专心编撰，于元丰七年（一〇八四年）成书，至此共用了十九年的时间。

《资治通鉴》是我国历史著作中一颗璀璨的明珠，是我国第一部编年体通史。它以时间为经、以史实为纬，生动详细地叙述了战国至五代期间历代帝王将相们的为政治国、待人处事之道以及他们在历史舞台上所经历的悲欢离合，将复杂的史实、多样的人物生动而又形象地表现出来。作为中国古代成就最高的编年体史书，它一直被视为辅佐统治、提供政治智慧的『帝王之学』，是中国自宋代以来历任皇帝的必学科目，也是被众多为官为政者视为案头必备的历史参考书之一。

《资治通鉴》不仅是一部伟大的史学著作，它还具有很高的文学价值。在这部巨著中有许多关于军事、经济、文化、学术思想等方面的历史记载。除了《史记》之外，几乎没有任何一部史著可以与它媲美。时至今日，这部著作的意义已经远远超出了司马光著史治国的本意，在当代气势恢宏的时代背景下，每个史实所晓谕后人的经验和教训，无不给人以深刻的启迪与借鉴。

本次整理出版的《资治通鉴》精华，选取了原著各卷中最具文学艺术价值和代表意义的经典篇章，加以注释、解读，并配以白话译文，力求多角度、全方位地彰显这部史学名著的不朽魅力。

线装国学馆编委会

资治通鉴

◎序言 〇〇一
◎序言 〇〇二

目录

第一章 周纪

◎周纪一【三家分晋】〇〇二
◎周纪二【商鞅变法】〇〇八
◎周纪三【孙庞斗智】〇一五
◎周纪四【蔺相如与廉颇】〇一八
◎周纪五【围魏救赵】〇二一
◎周纪六【奇货可居】〇二六

第二章 秦纪

◎秦纪一【荆轲刺秦】〇三〇
◎秦纪二【秦末农民起义】〇三四
◎秦纪三【刘邦入关】〇三九

第三章 汉纪

◎汉纪一【鸿门宴】〇四六
◎汉纪二【韩信拜将】〇五一
◎汉纪三【垓下之战】〇五六
◎汉纪四【灭新复汉】〇六〇
◎汉纪五【黄巾起义】〇六七

第四章 魏纪

◎魏纪一【诸葛亮北伐】〇七二
◎魏纪二【蜀汉降魏】〇八〇
◎魏纪三【晋灭东吴】〇八四

第五章 晋纪

◎晋纪一【淝水之战】〇九〇
◎晋纪二【刘宋代晋】〇九六

第六章 宋纪

◎宋纪一【太子弑父】一〇〇

第七章 齐纪

◎齐纪一【东昏侯暴虐】一〇六

第八章 梁纪

◎梁纪一【侯景之乱】一一二

资治通鉴

◎目录 〇〇一
◎目录 〇〇二

第九章 陈纪

◎陈纪一【隋朝灭陈】一二六

第十章 隋纪

◎隋纪一【炀帝巡游】一三二
◎隋纪二【李渊起兵】一三八

第十一章 唐纪

◎唐纪一【玄武门之变】一四六
◎唐纪二【一代女皇】一五五
◎唐纪三【中宗复辟】一六二
◎唐纪四【安史乱始】一六五
◎唐纪五【马嵬之变】一七五
◎唐纪六【张巡守睢阳】一七九
◎唐纪七【安史之乱平定】一八四
◎唐纪八【甘露之变】一九七
◎唐纪九【黄巢起义】二〇四

第十二章 后梁纪

◎后梁纪一【李存勖崛起】二二〇
◎后梁纪二【晋王灭燕】二二九
◎后梁纪三【后梁宫室之变】二三四

第十三章 后唐纪

◎后唐纪一【后唐灭梁】二四〇

第十四章 后晋纪

◎后晋纪一【石敬瑭建后晋】二四六
◎后晋纪二【契丹灭后晋】二五四

第十五章 后汉纪

◎后汉纪一【刘知远称帝】二六六
◎后汉纪二【郭威建后周】二七四

第十六章 后周纪

◎后周纪一【乱世明主周世宗】二八六

资治通鉴

第一章

周纪

三家分晋

威烈王二十三年，初命晋大夫魏斯、赵籍、韩虔为诸侯。

初，智宣子将以瑶为后。智果曰：『不如宵也。瑶之贤于人者五，其不逮者一也。美鬓长大则贤，射御足力则贤，伎艺毕给则贤，巧文辩惠则贤，强毅果敢则贤；如是而甚不仁。夫以其五贤陵人而以不仁行之，其谁能待之？若果立瑶也，智宗必灭。』弗听。智果别族于太史，为辅氏。

译文 周威烈王二十三年（前四〇三年）下令晋大夫魏斯、赵籍、韩虔为诸侯。

一开始，智宣子想让智瑶成为继承人。智果说：『智瑶比不上智宵。智瑶比别人贤德之处有五，但有一个缺点。智瑶仪表堂堂相貌出众，武艺高强才华横溢，能言善辩坚决果断；但他的劣势在于，这个人不厚道。如果他最终为了战胜别人，却做了不道德之事，那还有谁愿意与这种人相处？如果智瑶真的成为继承人，那么智氏宗族早晚会崩颓。』

智宣子没有听从智果的建议。智果失望，于是向太史请求脱离智族，改名换姓为辅。

点评 此温公书法所由始也。三家者，世为晋大夫，于周则陪臣也。周室既衰，晋主夏盟，以尊王室，故命之为伯。三卿窃晋之权，暴蔑其君，剖分其国，此王法所必诛也。威烈王不惟不能诛之，又命之为诸侯，是崇奖奸名犯分之臣也，《通鉴》始于此，其所以谨名分欤！

（胡三省）

赵简子之子，长曰伯鲁，幼曰无恤。将置后，不知所立，乃书训戒之辞于二简，以授二子曰：『谨识之！』三年而问之，伯鲁不能举其辞；求其简，已失之矣。问无恤，诵其辞甚习；求其简，出诸袖中而奏之。于是简子以无恤为贤，立以为后。

简子使尹铎为晋阳，请曰：『以为茧丝乎？抑为保障乎？』简子曰：『保障哉！』尹铎损其户数。简子谓无恤曰：『晋国有难，而无以尹铎为少，无以晋阳为远，必以为归。』

译文 赵国大夫赵简子有两个儿子，长子叫伯鲁，幼子叫无恤。赵简子准备选一个当继承人，不过没拿定主意，于是，他决定考验两个儿子，便把他日常训诫的话写在了两块竹简上，分别交给他们，并且叮嘱：『背下

来，好好记住。』三年后，到了赵简子考验两个儿子的时候，他先问大儿子伯鲁竹简上的话，大儿子伯鲁说不出竹简上的内容；赵简子再问他『你竹简哪去了』，才得知竹简已经丢了。赵简子于是又问小儿子无恤，小儿子便背诵了竹简上的训词；再追问竹简的去向，小儿子便从袖口里取出来献上。于是，赵简子便认为无恤贤德，所以就立他为继承人。

有一次，赵简子派尹铎去了晋阳，临行前尹铎对他说：『您是打算让我去搜刮民财呢，还是谋求立足根本之地？』赵简子说：『当然是谋求立足根本之地了。』于是，尹铎便少算了居民的户数，同时减轻赋税。赵简子得知后对他的儿子无恤说：『要是晋国发难，你可别嫌弃尹铎的地位不高，也不要怕晋阳的路途遥远，你一定要逃到那里去。』

及智宣子卒，智襄子为政，与韩康子、魏桓子宴于蓝台。智伯戏康子而侮段规。智国闻之，谏曰：『主不备难，难必至矣！』智伯曰：『难将由我。我不为难，谁敢兴之！』对曰：『不然。《夏书》有之：「一人三失，怨岂在明，不见是图。」夫君子能勤小物，故无大患。今主一宴而耻人之君相，又弗备，曰「不敢兴难」，无乃不可乎！蚋、蚁、蜂、虿，皆能害人，况君相乎！』弗听。

智伯请地于韩康子，康子欲弗与。段规曰：『智伯好利而愎，不与，将伐我；不如与之。彼狃于得地，必请于他人；他人不与，必向之以兵，然后我得免于患而待事之变矣。』康子曰：『善。』使使者致万家之邑于智伯。

智伯悦。又求地于魏桓子，桓子欲弗与。任章曰：『何故弗与？』桓子曰：『无故索地，故弗与。』任章曰：『无故索地，诸大夫必惧；吾与之地，智伯必骄。彼骄而轻敌，此惧而相亲；以相亲之兵待轻敌之人，智氏之命必不长矣。《周书》曰：「将欲败之，必姑辅之。将欲取之，必姑与之。」主不如与之，以骄智伯，然后可以择交而图智氏矣，奈何独以吾为智氏质乎！』桓子曰：『善。』复与之万家之邑一。

智伯又求蔡、皋狼之地于赵襄子，襄子弗与。智伯怒，帅韩、魏之甲以攻赵氏。襄子将出，曰：『吾何走乎？』从者曰：『长子近，且城厚完。』襄子曰：『民罢力以完之，又毙死以守之，其谁与我！』从者曰：『邯郸之仓库实。』襄子曰：『浚民之膏泽以实之，又因而杀之，其谁与我！其晋阳乎，先主之所属也，尹铎之所宽也，民必和矣。』乃走晋阳。

译文 等到智宣子去世以后，智襄子智瑶顺理成章地继承了他的位置。一日，智襄子与韩康子、魏桓子在蓝台上设宴。宴席间，智瑶戏弄韩康子，还侮辱他的重臣段规。智瑶的家臣智国听说了这事，连忙警告智襄子说：『主公你要是不提防祸端，祸端迟早会降临的！』智瑶听了这话不以为然：『人们的生死不都是取决于我？我不降罪给他们，哪有什么祸端？』智国说：『并非如此。《夏书》中就有记载：「一个人犯再多的错误，结仇也不会在明面上，虽然现在还看不出来，但你应该提防才对。」身为君子，应该谨慎地处理好身边的小事，这样才不致招致大祸。现在你在宴席上侮辱人家臣子，还不加防备，这怎么行？蚊子、蚂蚁、黄蜂、蝎子虽然都是小虫，却都还能害人，何况是国君、国相呢！』智瑶听后依旧不以为然。

后来，智瑶向韩康子索要土地，韩康子起初不同意这种无理要求。他的家臣段规说：『智瑶贪财好利，而且刚愎自用，你如果不给他，他就一定会讨伐我们。所以不如暂且给他，得到土地以后，智瑶势必会更加狂妄，再向别人索取土地；如果有谁不给，那他一定会对别人动武。这样我们就可以免除祸患而又能伺机行动了。』韩康子听后觉得有理，于是便派出使臣，送给智瑶一块有万户以上居民居住的领地。

智瑶得到土地后更加放肆，果然又向魏桓子提出了索地要求，魏桓子的地当然也不是白来的。于是家相任章就问他：『你不打算给他吗？』魏桓子说：『他无缘无故来要地，我凭什么给他。』任章于是说：『智瑶无缘无故强行索地，其他大夫一定也很畏惧；我们如果把地给他，那么他势必更加狂妄。智瑶狂妄必然轻敌，我们警惕必然相善，我们用团结之兵对付他这样狂妄轻敌之人，我看智家的香火烧不了多久了。《周书》上说：「想要打败敌人，不如暂且顺从；想要夺取敌人利益，必须先给他一些甜头。」主公不如就答应他的要求，让他接着骄傲自大吧。总有一天，我们能一起把他干掉。』魏桓子对任章的说法表示满意，于是也送给智瑶一块有万户居民的领地。

智瑶果不其然，过了一段时间，就又向赵襄子要土地，并且一要就是蔡和皋狼两个封地。赵襄子当然不答应。智瑶勃然大怒，率领韩、魏两家甲兵前去攻赵。赵襄子正准备逃跑，问身边人：『我能逃到哪里去？』随从对他说：『长子的城离这儿最近，而且城墙坚实无比。』赵襄子说：『百姓费尽力气修好城墙，现在又要

他们为我拼死守城，谁愿意与我同心抗敌？』于是随从又说：『邯郸城仓库殷实，去那也不错。』赵襄子说：『搜刮民脂民膏得来的钱财填补了仓库，现在却又要因战争令他们送命，我有什么颜面面对他们？』赵襄子最后说：『不如还是去晋阳吧，那里曾是我父亲的属地，父亲有言在先，遇难时去找尹铎，尹铎宽待百姓，他们一定能与我同舟共济。』

于是赵襄子逃往晋阳。

三家以国人围而灌之，城不浸者三版；沉灶产蛙，民无叛意。智伯行水，魏桓子御，韩康子骖乘。智伯曰：『吾乃今知水可以亡人国也。』桓子肘康子，康子履桓子之跗，以汾水可以灌安邑，绛水可以灌平阳也。

絺疵谓智伯曰：『韩、魏必反矣。』智伯曰：『子何以知之？』絺疵曰：『以人事知之。夫从韩、魏之兵以攻赵，赵亡，难必及韩、魏矣。今约胜赵而三分其地，城不没者三版，人马相食，城降有日，而二子无喜志，有忧色，是非反而何？』

明日，智伯以絺疵之言告二子，二子曰：『此夫谗人欲为赵氏游说，使主疑于二家而懈于攻赵氏也。不然，夫二家岂不利朝夕分赵氏之田，而欲为危难不可成之事乎！』二子出，絺疵入曰：『主何以臣之言告二子也？』智伯曰：『子何以知之？』对曰：『臣见其视臣端而趋疾，知臣得其情故也。』智伯不悛。絺疵请使于齐。

译文 智瑶、韩康子、魏桓子三家围攻晋阳，智瑶想出办法以水淹城，没过几天，城墙上面就只差三块地方没有被淹没了，城里锅灶都已经被泡，青蛙到处跳跃，人民却仍众志成城，不肯投降。智瑶巡视着水势，魏桓子为他驾车，韩康子为他护卫。智瑶自言自语道：『我今天才知道，水竟然可以灭亡一个国家。』听了这话，魏桓子悄悄用胳膊肘捅了捅韩康子。韩康子也回应似的用脚踩了踩魏桓子的脚。二人对了对眼神，意思是：这么说来，汾水可以灌破魏国的都城，绛水也可以灌破韩国的平阳了。

智家有一个谋士叫絺疵，他最早看出来韩魏二人的异心，于是他对智瑶说：『韩、魏两家早晚会反叛的。』智瑶听完反问他：『你怎么知道？』絺疵说：『这不过是人情事理而已。现在我们调集了韩、魏两家的军队攻打赵，等赵一旦灭亡，灾难就会落到韩、魏两家头上了。我们虽然和他们约好灭掉赵家后三分其地，现在晋阳城马上就要被水淹没，城内已经宰马充饥，破城指日可待，而韩康子、魏桓子却面色忧惧，丝毫没有欣喜之情，这不是反心的证据是什么？』

第二天，智瑶把絺疵说的话告诉了韩、魏二人。二人听后脑门子直冒冷汗，马上辩解道：『这不过是小人的离间之计，絺疵是想为赵家游说，使主公怀疑我们的居心从而懈怠进攻赵家的时机。我们两家怎么可能放着到手的土地不要，冒这么大风险去帮助国脉垂危的赵呢？』智瑶于是消除疑虑，等到二人出门后，絺疵又进来，气愤地说：『主公怎么能把臣的话全都告诉他们？』智瑶反问他：『你怎么知道？』絺疵说：『我见他们看到我神色匆匆，可见他们知道我已看破他们的心思。』智瑶不听絺疵的话。于是疵对智瑶失去信心，遂向他请求出使齐国。

赵襄子使张孟谈潜出见二子，曰：『臣闻唇亡则齿寒。今智伯帅韩、魏以攻赵，赵亡则韩、魏为之次矣。』二子曰：『我心知其然也；恐事未遂而谋泄，则祸立至矣。』张孟谈曰：『谋出二主之口，入臣之耳，何伤也！』二子乃潜与张孟谈约，为之期日而遗之。

襄子夜使人杀守堤之吏，而决水灌智伯军。智伯军救水而乱，韩、魏翼而击之，襄子将卒犯其前，大败智伯之众，遂杀智伯，尽灭智氏之族。唯辅果在。

译文 围城数日，赵襄子脱身乏术，只好派遣张孟谈为使秘密出城见韩、魏二人。张孟谈免去客套，开门见山便说：『不知你们是否听说过唇亡齿寒的典故。现在智瑶率领韩、魏两家围攻赵家，等到赵家灭亡后，我想韩、魏的死期也不远了罢。』韩康子、魏桓子听了这话，于是袒露心声：『我们心里早知会如此，只怕事未成而提前泄露，导致胎死腹中，大祸临头。』张孟谈

说：『此计谋出自二位主公之口，只我一人听到，又怎会有伤害？』

于是两人与张孟谈密谋过后，便送张孟谈回城。

赵襄子想出一个万全计策。夜里，他派人暗杀了智军的守堤官吏，使决河堤反灌智瑶军营。智瑶军队仓惶落水，阵脚大乱，狼狈不堪。此时，韩、魏两家军队突然从两翼杀出，赵襄子军队攻其正面。不消片刻，大败智家军。赵襄子杀死智瑶，又将智家族人全部诛灭。于是，智家家族里，只剩下早已另立为辅氏的智果一支得以幸免。

商鞅变法

（显王七年）秦献公薨，子孝公立。孝公生二十一年矣。是时河、山以东①强国六，淮、泗之间小国十余，楚、魏与秦接界。魏筑长城，自郑滨洛以北有上郡；楚自汉中，南有巴、黔中。皆以夷翟遇秦，摈斥之，不得与中国之会盟。于是孝公发愤，布德修政，欲以强秦。

（显王）八年，孝公下令国中曰：『昔我穆公，自岐、雍之间修德行武，东平晋乱，以河为界，西霸戎翟，广地千里，天子致伯，诸侯毕贺，为后世开业甚光美。会往者厉、躁、简公、出子之不宁，国家内忧，未遑外事。三晋攻夺我先君河西地，丑莫大焉。献公即位，镇抚边境，徙治栎阳，且欲东伐，复穆公之故地，修穆公之政令。寡人思念先君之意，常痛于心。宾客群臣有能出奇计强秦者，吾且尊官，与之分土。』于是卫公孙鞅闻是令下，乃西入秦。

注释 ①河、山以东：秦国在河之西，山之西。韩、魏、赵、齐、楚、燕六国皆在河、山以东。

译文 周显王七年（公元前三六二年）秦献公去世，秦孝公即位。秦孝公那一年二十一岁。当时黄河、殽山以东有六个强国，淮河、泗水还有十几个小国，楚、魏与秦国接壤。魏国筑有长城，从郑县沿洛水至上郡；楚国自汉中向南占有巴、黔中等地。当时，各国都把秦国当作夷族，加以排斥，不准其参与中原各诸侯会盟。于是秦孝公立志发愤图强，修明政治，整顿国家，好让秦国强大起来。

周显王八年（前三六一年），秦孝公对全国人民说：『当年，先祖秦穆公，占据岐山、雍地，他励精图治，以黄河为国界，向东平定晋国之乱，向西称霸于戎翟等族，占地广达千里，周王赐与方伯委以重任，各路诸侯都争相祝贺，开辟了光大宏伟的基业。只不过后来厉公、躁公、简公以及出子造成国内动乱，魏、赵、韩三国竟然夺去先王基业河西之地，这是家恨国耻。后来献公即位，平定边境，安抚黎民，他迁都栎阳，准备东征，收复穆公旧地，重修政法。当我想到先辈们未竟之志时，非常痛心。宾客群臣中如有人能献奇计，使秦国强盛，我就封他高官，封地千亩！』这时，卫国一位叫公孙鞅的人，听到了这道命令，便西行来到秦国。

公孙鞅者，卫之庶孙也，好刑名之学。事魏相公叔

痤，痤知其贤，未及进。

会病，魏惠王往问之曰：『公叔病如有不可讳，将奈社稷何？』公叔曰：『痤之中庶子卫鞅，年虽少，有奇才，愿君举国而听之！』王嘿然。公叔曰：『君即不听用鞅，必杀之，无令出境！』王许诺而去。公叔召鞅谢曰：『吾先君而后臣，故先为君谋，后以告子。子必速行矣！』鞅曰：『君不能用子之言任臣，又安能用子之言杀臣乎？』卒不去。王出，谓左右曰：『公叔病甚，悲乎！欲令寡人以国听卫鞅也，既又劝寡人杀之，岂不悖哉！』

译文 公孙鞅原本是卫国宗室庶出的后裔，尊崇法家理论。以前他在魏相公叔痤手下，公叔痤一直没来得及向魏公推荐他，但心里清楚他的才干。

后来公叔痤病重，魏惠王来看望他，对他说：『如果你不幸去世，那么你的工作由谁来接替比较合适？』公叔痤说：『我手下有个人叫公孙鞅，年纪虽轻，但却极为有才，我希望国君能把我的工作交给他来处理！』魏惠王听后默然不语。公叔痤又说：『要是国君您不想采纳我的建议，那我就一定要杀了公孙鞅，不然他离开魏国，日后必成祸害。』魏惠王答应公叔痤后便告辞了。公叔痤见魏惠王已走，立刻急忙召见公孙鞅。公叔痤先道歉说：『我必须先忠于君，再照顾属下，现在你听我的，马上逃走吧！』公孙鞅摇头说：『难道国君不听从你的意见任用我，却要听从你的意见杀我？』

公孙鞅没有出逃。魏惠王离开公叔痤家，对左右近臣说：『公叔痤已经病入膏肓了，可是，他先叫我委以公孙鞅重职，一会儿又劝我杀他，这岂不是自相矛盾？』

卫鞅既至秦，因嬖臣景监以求见孝公，说以富国强兵之术；公大悦，与议国事。

（显王）十年，卫鞅欲变法，秦人不悦。卫鞅言于秦孝公曰：『夫民不可与虑始，而可与乐成。论至德者不和于俗，成大功者不谋于众。是以圣人苟可以强国，不法其故。』甘龙曰：『不然，缘法而治者，吏习而民安之。』卫鞅曰：『常人安于故俗，学者溺于所闻，以此两者，居官守法可也，非所与论于法之外也。智者作法，愚者制焉；贤者更礼，不肖者拘焉。』

公曰：『善。』以卫鞅为左庶长。卒定变法之令。令民为什伍而相收司①、连坐，告奸者与斩敌首同赏，不告奸者与降敌同罚。有军功者，各以率受上爵；为私斗者，各以轻重被刑大小。僇力本业，耕织致粟帛多者，复其身；事末利②及怠而贫者，举以为收孥③。宗室非有军功论，不得为属籍④。明尊卑爵秩⑤等级，各以差次名田宅、臣妾、衣服。有功者显荣，无功者虽富无所芬华。

注释 ①收司：纠发、举发。一家有罪，需要九家一起举发；若不举发，则九家连斩。②末利：工、商。③收孥：贬为奴婢。秦法，一人有罪，收其家室。到了汉文帝元年，这项法令才被废除。④属籍：宗属之籍、姓氏之宗。⑤秩：职位、官位。

译文 公孙鞅来到秦国后，依靠秦国宠臣景监的推荐来见秦孝公。他在大堂上陈述了自己那套富国强兵的策略。秦孝公听了以后大喜过望，从此便与他共商家国大事。

周显王十年（前三五九年），公孙鞅倡议变法改革，可惜秦国的贵族都不赞成，因为这其中会影响他们的利益。于是，公孙鞅便对秦孝公说：『对于凡夫俗子，我们不能和他们分享开创的计划，只能分享成功。有德之人不能与凡夫俗子同俗，要成大事不能和众人谋划。所以贤人只要能使国富民强，用不着依循旧法。』这时，大夫甘龙反驳说：『不对，旧法是历经几代人修改的结果，哪能轻易更改，只有依旧法，才能使官员熟识规矩，百姓安居乐业。』公孙鞅说：『俗人们只知道安于旧习，不思进取，而腐儒往往被「常识」限制。这两种人，让他们遵纪守法可以，但不能与他们谋划大事。聪明的人用来制订法规，只有愚笨之人才总是受制；聪明的人因地制宜，无能的人死守旧法。』

秦孝公这时鼓掌道：『说得好！』于是任命公孙鞅为左庶长，制定变法的法令。他下令将人民编为五家一伍、十家一什，互相监督，犯法连坐。举报奸谋者与杀敌立功者同赏，而隐匿不报者也与临阵降敌者同罚。立军功者，可以获上等爵位；私下斗殴内讧者，处以刑罚。本分做事，耕田织布生产粮食最多者，就免去他们的赋役。不务正业，懒惰贫穷的人，全家都要成为国家奴隶。王亲国戚没有获得军功，无法享有宗族地位。明确官阶等级制度，分配给贡献多的人应该享有的田房住宅、奴仆侍女、衣饰器物等。使有功者显贵，无功者即使富有也不能显赫。

点评 《春秋传》有庶长鲍、商君为政，备其法品为十八级，合关内侯、列侯，凡二十等。其制因古义。古者天子寄军政于六卿，居则以田，警则以战，所谓『入使治之，出使长之，素信者与众相得』也。故启伐有扈，乃召六卿，大夫之在军为将者也。及周之六卿，亦以居军。秦依

古制，其在军赐爵为等级，其帅人皆更卒也。有功赐爵，则在军吏之例。自一等以上至不更，四等，皆士也。大夫以上至五大夫，五等，比大夫也。九等，依九命之义也。左庶长至大庶长，比九卿也。（刘攽）

令既具未布，恐民之不信，乃立三丈之木于国都市南门，募民有能徙置北门者予十金①。民怪之，莫敢徙。复曰：『能徙者予五十金！』有一人徙之，辄予五十金。乃下令。

令行期年，秦民之国都言新令之不便者以千数。于是太子犯法。卫鞅曰：『法之不行，自上犯之。』太子，君嗣也，不可施刑，刑其傅公子虔，黥其师公孙贾。明日，秦人皆趋②令。行之十年，秦国道不拾遗，山无盗贼，民勇于公战，怯于私斗，乡邑大治。秦民初言令不便者，有来言令便。卫鞅曰：『此皆乱法之民也！』尽迁之于边。其后民莫敢议令。

注释 ①金：二十两为一金。②趋：向、从。

译文 法令已经制订但尚未公布时，公孙鞅害怕百姓不信任，于是就下令在国都的集市南门立下一根长三丈的木杆，如有谁能把它搬到北门就赏十金。百姓们听了这事儿都觉得很奇怪。公孙鞅于是又把赏金提高到五十。终于，有一个人果真把木杆搬到了北门，他立刻得到了五十金的赏钱。这时，公孙鞅的诚信已在百姓中流传，这才下令颁布变法法令。

颁布变法令的一年后，秦国的不少百姓都到国都来控诉新法使民不便。这时太子正好也触犯了法律。公孙鞅说：『因为上层有人带头违反法律，这才导致变法不能实行。』太子是储君，不能施以刑罚，于是便将他的老师公子虔处刑，在另一个老师公孙贾的脸上刺字。第二天，秦国人便都按新法令行事了。新法施行十年

后，秦国路不拾遗，夜不闭户，山无贼盗，一片安宁，百姓都勇于为国作战，乡野村镇都得到很好的治理。这时，有一些当初说新法不便的人，又来歌颂新法，公孙鞅说：『这些人都是乱法的刁民！』于是把他们发配边疆。往后，老百姓再也不敢议论法令了。

点评 自是年（显王十年）至（显王）三十一年商鞅死，盖鞅之行其法而致效在十年之间，又十年而致祸。（胡三省）

（显王）十九年，秦商鞅筑冀阙宫庭于咸阳，徙都之。令民父子、兄弟同室内息者为禁。并诸小乡聚，集为一县，县置令、丞，凡三十一县。废井田①，开阡陌②。平斗、桶、权、衡、丈、尺。

（显王）二十九年，卫鞅言于秦孝公曰：『秦之与魏，譬若人有腹心之疾，非魏并秦，秦即并魏。何者？魏居岭厄之西，都安邑，与秦界河，而独擅山东之利，利则西侵秦，病则东收地。今以君之贤圣，国赖以盛；而魏往年大破于齐，诸侯畔之，可因此时伐魏。魏不支秦，必东徙。然后秦据河、山之固，东乡以制诸侯，此帝王之业也。』公从之，使卫鞅将兵伐魏。魏使公子卬将而御之。

军既相距，卫鞅遗公子卬书曰：『吾始与公子欢；今俱为两国将，不忍相攻，可与公子面相见盟，乐饮而罢兵，以安秦、魏之民。』公子卬以为然，乃相与会；盟已，饮，而卫鞅伏甲士，袭虏公子卬，因攻魏师，大破之。魏惠王恐，使使献河西之地于秦以和。因去安邑，徙都大梁。乃叹曰：『吾恨不用公叔之言！』秦封卫鞅商於十五邑。号曰商君。

注释 ①井田：一井九百亩，八家各耕百亩；百亩中，八十亩为公田，二十亩为庐舍。②开阡陌：修路。

译文 周显王十九年（前三五〇年），公孙鞅在咸阳修建宫殿，准备迁都于此。同时，他下令禁止百姓家中父子兄弟混居。将乡村合并到一起，成为县，又设置县令、县丞，共设三十一县。他还废除以前的井田制度，重新划分土地疆界。统一了斗、桶、权、衡、丈、尺等计量单位。

周显王二十九年（前三四〇年），公孙鞅进谏秦孝公，魏国是秦国的大敌，到头来不是秦灭魏，就是魏灭秦。为什么呢？因为魏东面就是崇山险岭，他们建都于安邑，与秦以黄河为界，独享山东地利。它们强盛时便可西侵秦国，窘困时又能收缩自保。现在秦国在您的领导下，已经大别从前，我们正处于国势强劲的鼎盛时

期；而魏国去年大败于齐国，各诸侯国都相继离他而去，我们倒可以趁此机会攻伐魏国，以除后患。魏国现在无力抵抗，只得继续东迁。到那时秦国将据有黄河、殽山之险，向东又可以制服各诸侯国，这才是帝王之大业。』秦孝公听完公孙鞅的建议，马上派遣公孙鞅去攻打魏国。魏国也派公子卬为将军抵抗。

两军对峙阵前，公孙鞅先派人为魏国公子捎信，其中道：『当年我和公子卬交情不错，现在我们都是大将，我不忍心与你自相残杀。既然我们可以见面，那不如相互结盟，畅饮罢兵，这样，可以使秦国、魏国的百姓都安心。』公子卬信以为真，便真的前来赴会。盟誓完毕饮酒期间，公孙鞅召唤事先埋伏于帐后的刀斧手袭击俘获公子卬。同时，公孙鞅又乘势攻击魏军，魏军大败。魏惠王闻知后惊恐，马上派人向秦国请降，提出愿意献出河西一带的地方以求自保。之后，魏国又把都城从安邑迁到了大梁。魏惠王这时才叹息道：『我真后悔当初没听公叔痤的话杀掉公孙鞅！』

秦国后来封给公孙鞅商於地方十五个县。公孙鞅号称商君。这便是商鞅的由来。

点评 尧教民以人伦，教之有序有别。秦用西戎之俗，至于男女无别，长幼无序。商君今为之禁，古道也，乌可例言之！（胡三省）

（显王）三十一年，秦孝公薨，子惠文王立。公子虔之徒告商君欲反，发吏捕之。商君亡之魏；魏人不受，复内之秦。商君乃与其徒之商於，发兵北击郑。秦人攻商君，杀之，车裂以徇，尽灭其家。

初，商君相秦，用法严酷，尝临渭沧①囚，渭水尽赤。为相十年，人多怨之。赵良见商君，商君问曰：『子观我治秦孰与五羖大夫②贤？』赵良曰：『千人之诺诺，不如一士之谔谔。仆请终日止言而无诛，可乎？』商君曰：『诺。』赵良曰：『五羖大夫，荆之鄙人也，穆公举之牛口之下而加之百姓之上，秦国莫敢望焉。相秦六七年而东伐郑，三置晋君，一救荆祸。其为相也，劳不坐乘，暑不张盖。行于国中，不从车乘，不操干戈。五羖大夫死，秦国男女流涕，童子不歌谣，舂者不相杵。今君之见也，因嬖人景监以为主；其从政也，凌轹公族，残伤百姓。公子虔杜门不出已八年矣。君又杀祝欢而黥公孙贾。《诗》曰：「得人者兴，失人者崩。」此数者，非所以得人也。君之出也，后车载甲，多力而骈胁者为骖乘，持矛而操阘戟者旁车而趋。此一物不具，君固不出。《书》曰：「恃德者昌，恃力者亡。」此数者，非恃德也。君之危若朝露，而尚贪商於之富，宠秦国之政，畜百姓之怨。秦王一旦捐宾客而不立朝，秦国之所以收君者岂其微③哉！』

商君弗从。居五月而难作。

注释 ①沧：处决。②五羖大夫：指百里奚。他曾用自己卖了五张羊皮，为人养牛；秦穆公后来举以为相，秦人称之为五羖大夫。③微：少。

译文 周显王三十一年（前三三八年），秦孝公去世，其子秦惠文王即位。公子虔的党徒又出来兴风作浪，控告商君谋反，因此惠文王便派官吏前去捉拿商君（公孙鞅）。商君急忙逃往魏，而魏国人拒不接纳，又将其送回秦国。商君于是便带他的部属来到封地商於，准备起兵北攻郑国。这时秦国军队又向商君进攻，最终捉住了他。商君最后被五马分尸，满门抄斩。

当初，商君为孝公做国相，制订的法律过于严酷，他曾亲临渭河观看处决犯人，渭河的水都被鲜血染红。他任相十年，积怨繁多。有一次，赵良来见商君，商君问他：『你看我与当年百里奚相比，谁把秦国治理得像样？』赵良说：『一千个人不敢说话，不如我一人直言不讳。要是让我说心里话，您不要怪罪，如何？』商君说：『好！』于是赵良说：『百里奚，原本楚国的一个乡野之人，秦穆公把他从养牛郎提拔到了一人之下万人之上的高位。他在秦为相七年，向东征讨郑国，三次为晋国扶立国君，一次于危难之中拯救楚国。他做相时，劳累也不乘车，炎热的夏天也不打伞。他在国中视察，从没有车马随从前呼后拥，也不带武器兵卒。五羖大夫死时，秦国男女老少都痛哭流涕，儿童和舂米的人都不唱歌谣，以遵守丧礼。现在来看您，您是以结交主上宠幸之臣景监进身仕途，待到掌权执政，就凌辱贵族，残害百姓。公子虔被迫闭门不出八年。您杀死了祝欢，处公孙贾以刺面刑罚。《诗经》中有云：「得人心者兴隆，失人心者灭亡。」上述这些事，不能说是得人心。您出行，后面跟的车辆甲士不计其数，侍卫守护在您身边，武士为您护航。这些保卫如果缺一样，您可绝不出行。《尚书》中说：「倚靠仁德者昌盛，凭借暴力者灭亡。」上述的事，恐怕不能称之为以德服人。您的危险处境就像早晨的露水，恐怕没有多少时间了，您却依然贪恋商於之地的富庶收入，在秦国独断专行，百姓的怨恨积聚。现在秦王在世，自然无人和您相左，要是秦王哪天有个三长两短，他们来逮捕你的罪名难道会少么？』

商君不听赵良的劝说，果真只过了五个月就大难临头了。

孙庞斗智

（显王）十六年，齐威王使田忌救赵。

初，孙膑与庞涓俱学兵法，庞涓仕魏为将军，自以能不及孙膑，乃召之；至，则以法断其两足而黥之，欲使终身废弃。齐使者至魏，孙膑以刑徒阴见，说齐使者；齐使者窃载与之齐。田忌善而客待之，进于威王。威王问兵法，遂以为师。于是威王谋救赵，以孙膑为将；辞以刑余之人不可，乃以田忌为将而孙子为师，居辎车①中，坐为计谋。

田忌欲引兵之赵。孙子曰：『夫解杂乱纷纠者不控拳，救斗者不搏撠，批亢捣虚②，形格③势禁，则自为解耳。今梁、赵相攻，轻兵锐卒必竭于外，老弱疲于内；子不若引兵疾走魏都，据其街路，冲其方虚，彼必释赵以自救。是我一举解赵之围而收弊于魏也。』田忌从之。十月，邯郸降魏。魏师还，与齐战于桂陵，魏师大败。

注释 ①辎车：古车，有布遮、无后辕者称为辎。②亢：相拒。捣：击。虚：空。③格：格正、矫正。

译文 周显王十六年（前三五三年），齐威王派田忌率军救赵。

当初，孙膑与庞涓一起拜在鬼谷子门下学习兵法，后来，庞涓在魏国做将军，他觉得自己才能不及孙膑，想方设法残害孙膑。他召孙膑前来魏国，然后设计砍断孙膑的双脚，还在他脸上刺字，以使他终身沦为废人。齐国的使者来到魏国，孙膑以受刑罪人的身份秘密求见，说动了齐国使者；齐国使者于是偷偷把孙膑藏于车中带回齐国。齐国的大臣田忌对孙膑以上宾礼待，并且把他推荐给齐威王。威王向孙膑讨教兵法，继而请他为师。这时齐威王正要出兵援赵，便任命孙膑为大将，孙膑因自己残疾坚决辞谢，于是齐威王便以田忌为大将、孙膑为军师，让他坐在车中，出谋划策。

田忌准备率兵前去救赵，孙膑说：『要想解开杂乱如麻的人际关系，不能只靠挥舞拳头；制止斗殴，不能自己也跟着进去打。我们应该趋利避害，乘虚而入，紧张的形势这样就自然化解了。现在魏赵两国交战正酣，精兵锐卒倾巢出动，想必国内只留下老弱残兵；我们不如率军急袭魏国都城，占领要塞通道，再从后方冲击魏军。如此一来，赵围自解，我们又可以给魏国以致命一击。』田忌听后认为有理，便认同孙膑之计。到了十月，赵国的邯郸城终于抵抗不住，投降了魏国。而魏军此时急忙还师驰援国内，在桂陵与齐国军队大战，结果自然魏军大败。

（显王）二十八年，魏庞涓伐韩。韩请救于齐。齐威王召大臣而谋曰：『蚤救孰与晚救？』成侯曰：『不如勿救。』田忌曰：『弗救则韩且折而入于魏，不如蚤救之。』孙膑曰：『夫韩、魏之兵未弊而救之，是吾代韩受魏之兵，顾反听命于韩也。且魏有破国之志，韩见亡①，必东面而愬于齐矣。吾因深结韩之亲而晚承魏之弊，则可受重利而得尊名也。』王曰：『善。』乃阴许韩使而遣之。韩因恃齐，五战不胜，而东委国于齐。

齐因起兵，使田忌、田婴、田盼将之，孙子为师，以救韩，直走魏都。庞涓闻之，去韩而归。魏人大发兵，以太子申为将，以御齐师。孙子谓田忌曰：『彼三晋之兵素悍勇而轻齐，齐号为怯。善战者因其势而利导之。《兵法》：「百里而趣利者蹶②上将，五十里而趣利者军半至。」』乃使齐军入魏地为十万灶，明日为五万灶，又明日为二万灶。庞涓行三日，大喜曰：『我固知齐军怯，入吾地三日，士卒亡者过半矣！』乃弃其步军，与其轻锐倍日③并行逐之。孙子度其行，暮当至马陵，马陵道狭而旁多阻隘，可伏兵，乃斫大树，白而书之曰：『庞涓死此树下！』于是令齐师善射者万弩夹道而伏，期日暮见火举而俱发。庞涓果夜到斫木下，见白书，以火烛之，读未毕，万弩俱发，魏师大乱相失。庞涓自知智穷兵败，乃自刭④，曰：『遂成竖子之名！』

齐因乘胜大破魏师，虏太子申。

注释 ①见亡：看出有亡国之势。②蹶：毙。③倍日：日夜兼程。④刭：断首。

资治通鉴

译文 周显王二十八年（前三四一年），魏国庞涓率领大军攻打韩国。韩国派人来向齐求援。齐威王召集众人商议：『是早救好呢，还是晚救好？』成侯邹忌这时建议：『不如不救。』田忌道：『如果我们坐视不管，韩国定会灭亡。我们不如早些救援。』孙膑这时说：『现在韩国、魏国双方的军队士气都正盛，我们如果这时去救援，是代替韩国去承受魏国的打击，又反倒听命于韩国。这次魏国举大军伐韩，气势正盛，等到韩国支撑不住，亡国迫在眉睫时，他一定会来东求齐国。我们如果到时再出兵，既可以加深与韩国友谊，也可以趁机消灭魏军疲惫之师，到时候，我们一举两得，名利双收。』齐威王道：『说得好。』于是便秘密答应了韩国使臣，却按兵不动。韩国倚仗齐国的定心丸，将士们奋力抗争，但几日来五战五败，于是只好把国家的命运交给齐国。

这时，齐国终于出兵，威王派田忌、田婴、田盼三人为大将，孙膑为军师，援救韩国，再次袭击魏国都城。庞涓听闻此事，急忙回国驰援。魏国这次调集了全部兵力，以太子申为将军，抵御齐国。孙膑这时告诉田忌：『魏、赵、韩，这三个地方士兵向来骠猛，他们看不起齐国；我们士兵的名声确实也不佳。作为善战的将军，你必须趋利避害，扬长避短。《孙子兵法》说：「百里外的奔袭会损失上将军，而五十里之外只有一半军队能到达。」』于是，田忌听从孙膑意见，命齐国军队进入魏国后，修灶十万，隔日递减。庞涓率兵追击了齐军三天，见此情况，大笑着说：『我早就知道齐兵胆小，进入我国三天，士兵已逃散了一半多了。』于是他丢掉步兵，亲自率轻骑兵精锐日夜兼程追击齐军。孙膑早有计划，他估计魏军的行程，当晚埋伏在马陵。马陵这个地方路狭而多险，孙膑便派人刮去一棵大树的树皮，在白树干上写道：『庞涓死于此树下！』然后又从齐军中挑选出万名优秀弩手夹道伏击，约好火光一现便万箭齐发。后来，庞涓追及此处，看见一棵白树上有字，便令人举起火把。这一照，还没读完，两边弓箭便如飞蝗雨下，魏军大乱，溃不成军。庞涓自知气数已尽，于是拔剑自刎，临死前骂道：『是我让孙膑这小子出了名……』

齐军乘机大破魏军，俘虏了太子申。

◎周纪·孙庞斗智

◎周纪·蔺相如与廉颇

蔺相如与廉颇

（赧王三十二年）赵王得楚和氏璧①，秦昭王欲之，请易以十五城。赵王欲勿与，畏秦强；欲与之，恐见欺。

以问蔺相如，对曰：『秦以城求璧而王不许，曲在我矣。我与之璧而秦不与我城，则曲在秦。均之二策，宁许以负秦。臣愿奉璧而往；使秦城不入，臣请完璧而归之！』赵王遣之。相如至秦，秦王无意偿赵城。相如乃以诈绐②秦王，复取璧，遣从者怀之，间行归赵，而以身待命于秦。秦王以为贤而弗诛，礼而归之。赵王以相如为上大夫。

注释 ①和氏璧：古时宝玉，圆形，中间有孔。②绐：欺，诳。

译文 周赧王三十二年（前二八三年），赵王得到了楚国的和氏璧，秦昭王知道后也想要，于是想用十五座城来换。赵王不想答应，但又恐怕秦国强大；又想答应他，又怕被骗。

于是他问蔺相如，蔺相回答说：『秦国想用城来换和氏璧，大王要是不答应，我们理亏。我们要是答应，他们反悔，那是秦理亏。衡量这两种情况，我们应该让秦国负我。所以，我愿意拿着璧去秦国，要是秦国不给我们城池，我一定完好无损把和氏璧拿回来！』赵王于是派他前去。蔺相如到了秦国，看出来秦王并不真心想用城换璧，于是就假装把璧给秦王，又取回，派遣别人揣进怀里送回赵国，自己留在秦国。秦王因为蔺相如贤能，所以不忍杀害，以礼遇待他，把他送回国。回国后，蔺相如被封为上大夫。

点评 战国诸侯，皆务以珠玉为宝。然相如之完璧，不是爱惜此宝，但欲因此折服秦王使之不敢有加于赵耳。以一智计之士，犹足为国之重轻，况于贤人君子乎！

（张居正）

（赧王三十六年）秦王使使者告赵王，愿为好会于河外渑池。赵王欲毋行，廉颇、蔺相如计曰：『王不行，示赵弱且怯也。』赵王遂行，相如从。廉颇送至境，与王诀曰：『王行，度道里会遇之礼毕，还不过三十日；三十日不还，则请立太子以绝秦望。』王许之。

会于渑池。王与赵王饮，酒酣，秦王请赵王鼓瑟①，赵王鼓之。蔺相如复请秦王击缶②，秦王不肯。

相如曰：『五步之内，臣请得以颈血溅大王矣！』左右欲刃相如，相如张目叱之，左右皆靡。王不怿，为一击缶。罢酒，秦终不能有加于赵；赵人亦盛为之备，秦不敢动。

注释 ①瑟：一种乐器，有二十五弦。②缶：像鼓，西戎乐器。

译文 周赧王三十六年（前二七九年），秦王派使者对赵王说，秦愿与赵在黄河外渑池之地结盟和好。赵王不想去，廉颇和蔺相如说：『大王如果不去，就显得赵国胆怯了。』赵王于是前往，蔺相如跟着他。廉颇送他们到边境，与赵王告别说：『大王此行，路程加上会盟礼毕，应该不过三十日，三十天后如果您还没回来，请允许我们立太子为赵王，好让秦国断了要挟的念头。』赵王应许了。

到了渑池。秦王与赵王饮酒，酒酣之时，秦王请赵王击鼓，赵王便击鼓。蔺相如也请秦王击鼓，秦王不肯。蔺相如说：『在五步之内，我可以使颈中之血溅大王之身！』秦王左右拔刀向前想要胁迫蔺相如，蔺相如张目喝斥，左右都萎靡下来。秦王非常不情愿，击了一下鼓。酒宴结束，秦王一直无法占得赵王上风。赵国早有戒备，秦国也不敢轻举妄动。

赵王归国，以蔺相如为上卿，位在廉颇之右。

廉颇曰：『我为赵将，有攻城野战之功。蔺相如素贱人，徒以口舌而位居我上，吾羞，不忍为之下！』宣言曰：『我见相如，必辱之！』相如闻之，不肯与会；每朝，常称病，不欲争列。出而望见，辄引车避匿。其舍人皆以为耻。相如曰：『子视廉将军孰与秦王？』曰：『不若。』相如曰：『夫以秦王之威而相如廷叱之，辱其群臣；相如虽驽，独畏廉将军哉！顾吾念之，强秦所以不敢加兵于赵者，徒以吾两人在也。今两虎共斗，其势不俱生。吾所以为此者，先国家之急而后私仇也！』廉颇闻之，肉袒负荆至门谢罪，遂为刎颈之交。

译文 赵王回国，封蔺相如为上卿，位置在廉颇之上。

廉颇说：『我是赵将，有攻城野战之功，蔺相如原本是下贱之人，凭着三寸口舌位居我之上，我感到羞辱，实在无法忍受！』他宣言：『等我遇到蔺相如，一定要羞辱他！』蔺相如听说这件事，再也不肯与廉颇见面。每逢上朝，就常常称病，不去和廉颇争夺顺序。如果在外面遇见他，就逃进车里躲起来。他的门客都觉得因此受到耻辱。蔺相如说：『你们觉得廉将军比得上秦王吗？』回答说：『比不上。』蔺相如说：『我面对秦王都敢在朝廷上呵斥他，辱其群臣，我虽然无能，难道单单惧怕廉将军吗？我只不过是念在，强秦之所以不敢犯赵，是因为我们两人在。现在如果二虎相争，必有一伤。我之所以忍让，是因为国家大于私人恩怨啊。』廉颇听了这番话，便到蔺相如门前负荆请罪，从此，两人结为刎颈之交。

围魏救赵

（赧王五十七年）赵王使平原君求救于楚，平原君约其门下食客文武备具者二十人与之俱，得十九人，余无可取者。毛遂自荐于平原君。平原君曰：『夫贤士之处世也，譬若锥之处囊中，其末立见。今先生处胜之门下三年于此矣，左右未有所称诵，胜未有所闻，是先生无所有也。先生不能，先生留！』毛遂曰：『臣乃今日请处囊中耳！使遂蚤得处囊中，乃脱颖而出，非特其末见而已。』平原君乃与之俱，十九人相与目笑之。

平原君至楚，与楚王言合从之利害，日出而言之，日中不决。毛遂按剑历阶而上，谓平原君曰：『从之利害，两言而决耳！今日出而言，日中不决，何也？』楚王怒叱曰：『胡①不下！吾乃与而②君言，汝何为者也？』毛遂按剑而前曰：『王之所以叱遂者，以楚国之众也。今十步之内，王不得恃楚国之众也！王之命悬于遂手。吾君在前，叱者何也？且遂闻汤以七十里之地王天下，文王以百里之壤而臣诸侯，岂其士卒众多哉？诚能据其势而奋其威也。今楚地方五千里，持戟百万，此霸王之资也。以楚之强，天下弗能当。白起，小竖子耳，率数万之众，兴师以与楚战，一战而举鄢、郢，再战而烧夷陵，三战而辱王之先人，此百世之怨而赵之所羞，而王弗之恶焉。合从者为楚，非为赵也。吾君在前，叱者何也？』楚王曰：『唯唯，诚若先生之言，谨奉社稷以从。』毛遂曰：『从定乎？』楚王曰：『定矣。』毛遂谓楚王之左右曰：『取鸡、狗、马之血③来！』毛遂奉铜盘而跪进之楚王曰：『王当歃血以定从，次者吾君，次者遂。』遂定从于殿上。

注释 ①胡：何。②而：犹汝。③鸡、狗、马之血：畜牲之血。因贵贱不同，用牲不同，天子用牛及马，诸侯用犬及豭，大夫以下用鸡。

译文 周赧王五十七年（前二五八年），赵王派平原君赵胜到楚国去求援，赵胜想要挑选门下二十个文武双全的人前往，但只有十九个。这时，有个叫毛遂的人向赵胜自荐。赵胜说：『贤士为人处世，好比锥子在口袋中，锥尖必定能露出来。如今先生跟我已经三年，我从没听过谁称赞你，也没听说过你有什么长处。先生要是不能有所作为，还是留下吧！』毛遂说：『我今天才让你把我放进口袋而已！要是早放我进去，我早就脱颖而出了，岂止露一个锥尖？』平原君于是让毛遂一起去楚国，另外十九个人都嘲笑他。

赵胜到了楚国，向楚王说明了联合抗秦的必要，从太阳升起一直谈到中午，楚王最后也没有决断。这时毛遂手按宝剑走上前，对平原君说：『联合抗秦的利害，两句话就能说清楚。现在从早晨一直说到中午还没解决，为什么？』楚王怒斥毛遂道：『快滚下去，我和你的主人说话，你算是什么东西？』毛遂又按着剑上前几步：『大王你之所以叱咤，不过是因为楚国人多势众。不过我们现在相距十步，你还能依赖人多吗？你的性命就在我毛遂手里。在我主人面前，你呵斥我是什么意思？我且听说商汤王以七十里地称王，周文王使百里土地服众。他们难道是凭人多势众吗？只不过是由于顺应历史趋势，发愤图强罢了。今楚国地方五千里，将士百万，这正是成帝王霸业的资本！以楚国的实力，各国都难以抵挡。白起，一介武夫，带几万兵，就敢与楚国交战，并且夺去鄢、郢两城，火烧夷陵，三战竟将宗庙毁坏，侮辱祖先，这百世的仇怨，连赵国都感到羞愧，大王你却不觉得难堪。联合抗秦是为了楚国，不是为赵国。在我的主人面前，你呵斥什么？』楚王说：『是的是的，先生指教的是，现在，我愿举全国之兵与你们结盟。』毛遂说：『你确定吗？』楚王说：『确定了。』毛遂便对楚王左右道：『拿鸡、狗、马血来！』毛遂举起铜盘跪下敬楚王说：『请大王歃血为誓，次为我主，再次为毛遂。』于是便在大殿上订立了抗秦盟约。

楚王使春申君将兵救赵，魏王亦使将军晋鄙将兵十万救赵。秦王使谓魏王曰：『吾攻赵，旦暮且下，诸侯敢救之者，吾已拔赵，必移兵先击之！』魏王恐，遣人止晋鄙，留兵壁邺，名为救赵，实挟两端。又使将军新垣衍间入①邯郸，因平原君说赵王，欲共尊秦为帝，以却其兵。

齐人鲁仲连在邯郸，闻之，往见新垣衍曰：『彼秦者，弃礼义而上首功②之国也。彼即肆然而为帝于天下，则连有蹈东海而死耳，不愿为之民也！且梁未睹秦称帝之害故耳，吾将使秦王烹醢梁王！』新垣衍怏然不悦曰：『先生恶能使秦王烹醢梁王？』鲁仲连曰：『固也，吾将言之。昔者九侯、鄂侯、文王，纣之三公也。九侯有子而好，献之于纣，纣以为恶，醢九侯；鄂侯争之强，辩之疾，故脯鄂侯；文王闻之，喟然而叹，故拘之牖里之库百日，欲令之死。今秦，万乘之国也，梁，亦万乘之国也；俱据万乘之国，各

有称王之名，奈何睹其一战而胜，欲从而帝之，卒就脯醢之地乎！且秦无已而帝，则将行其天子之礼以号令于天下，则且变易诸侯之大臣，彼将夺其所不肖而与其所贤，夺其所憎而与其所爱，彼又将使其子女谗妾为诸侯妃姬，处梁之宫，梁王安得晏然而已乎！而将军又何以得故宠乎！』新垣衍起，再拜曰：『吾乃今知先生天下之士也！吾请出，不敢复言帝秦矣！』

注释 ①间入：由间道而入。②上首功：上，尚；首功：斩首之功。

译文 楚王派春申君领兵救赵，魏王也派出了大将晋鄙统兵十万前来救赵。秦王派使者对魏王说：『我攻打赵国，旦夕之间便可轻取，诸侯中有谁敢来救赵国，等我灭了赵国之后，必然率先进攻它！』魏王怕了，派人令晋鄙停止前进，屯兵守在邺城，名义上是来救赵，实则左顾右盼。魏王又派将军新垣衍进入邯郸，通过平原君对赵王说，愿意一起尊秦王为帝，以罢其兵。

齐国人鲁仲连正在邯郸，听说了这件事，便来对新垣衍说：『秦国是背弃礼义崇尚斩首之功的国家。他如果能肆然称帝于天下的话，那我就跳东海而死，不做秦国的子民！况且，魏王并没有看到秦王称帝的危害，我会让他把魏王当肉烹食。』新垣衍快快不乐说：『你怎么能让秦王把魏王当肉烹食？』鲁仲连说：『原本如此，听我把话说完。昔日九侯、鄂侯、文王，是商纣的三公。九侯有个女儿，容貌姣好，便将她献给纣王，纣王讨厌她，就把九侯剁成肉酱；鄂侯极力辩护九侯，疾声呼救，故被纣王做成肉脯；周文王听说了，喟然长叹，也被关在牖里一百天，想让他死。现在的秦国，万乘之大国，魏国，也是万乘之国；都据有雄厚的实力，都有称帝业的实力，为什么秦国一战而胜，就要尊其为帝，使自己沦为任人宰割的肉酱呢？如果秦王真的称帝，他必将行天子之礼，号令诸侯，原先的各国君主就变成了他家的臣子。他会罢黜不喜欢的，转授予他器重的，他会废除厌恶的，转授给宠爱的；他还将把秦女和无德姬妾嫁给各国君主。如果这些人在大梁宫中，魏王还会安然如此吗？将军你又能如何保住在君主前的地位呢？』新垣衍听后大惊，再次拜谢说：『我今天才知道您是天下高士！我马上出去，再也不说尊秦为帝的话了。』

初，魏公子无忌仁而下士，致食客三千人。魏有隐士曰侯嬴，年七十，家贫，为大梁①夷门监者。公子置酒大会宾客，坐定，公子从车骑虚左自迎侯生。侯生摄敝衣冠，直上载公子上坐不让；公子执辔愈恭。侯生又谓公子曰：『臣有客在市屠中，愿枉车骑过之。』公子引车入市，侯生下见其客朱亥，睥睨，故久立，与其客语，微察公子，公子色愈和；乃谢客就车，至公子家。公子引侯生坐上坐，遍赞②宾客，宾客皆惊。

及秦围赵，赵平原君之夫人，公子无忌之姊也，平原君使者冠盖相属于魏。公子患之，数请魏王敕晋鄙令救赵，及宾客辩士游说万端，王终不听。

公子乃属宾客约车骑百余乘，欲赴斗以死于赵；过夷门，见侯生。侯生曰：『公子勉之矣，老臣不能从！』公子去，行数里，心不快，复还见侯生。侯生笑曰：『臣固知公子之还也！今公子无他端而欲赴秦军，譬如以肉投馁虎，何功之有！』公子再拜问计。侯嬴屏人曰：『吾闻晋鄙兵符在王卧内，而如姬最幸，力能窃之。尝闻公子为如姬报其父仇，如姬欲为公子死无所辞。公子诚一开口，则得虎符③，夺晋鄙之兵，北救赵，西却秦，此五伯之功也。』公子如其言，果得兵符。公子行，侯生曰：『将在外，君令有所不受。有如晋鄙合符而不授兵，复请之，则事危矣。臣客朱亥，其人力士，可与俱。晋鄙若听，大善；不听，可使击之！』于是公子请朱亥与俱。

至邺，晋鄙合符，疑之，举手视公子曰：『吾拥十万之众屯于境上，今单车来代之，何如哉？』朱亥袖四十斤铁椎，椎杀晋鄙，公子遂勒兵下令军中曰：『父子俱在军中者，父归！兄弟俱在军中者，兄归！独子无兄弟者，归养！』得选兵八万人，将之而进。

注释 ①大梁：魏都。②赞：告。③虎符：兵符，上有虎头。

译文 起初，魏国公子魏无忌为人宽厚且能屈身礼遇贤士，以至于食客三千人。魏国有隐士叫侯嬴，年过七十，家中贫穷，在魏都大梁任守门官吏。一次，公子魏无忌大摆酒宴，来客都已入座，魏无忌却吩咐车马，空出左边的座位，亲自去接侯嬴。侯嬴于是衣衫褴褛地跟着他跳上车子，高傲地坐在正座也不自谦。魏无忌驾车，对他毕恭毕敬。路上，侯嬴对魏无忌说：『我有个朋友在集市杀猪，请把车子绕到他那里。』魏无忌便驾车入市集，侯嬴见到朱亥，故意和他说了很长时间，一边观察魏无忌，发现他面色仍然谦和，于是他告别朋友，来到魏府。魏无忌给了他上座，当他介绍起侯嬴时，人们都很惊讶。

到了秦国围攻邯郸时，赵国平原君的夫人，是魏无

忌的姐姐，赵胜总是向魏国派遣求救使者。魏无忌非常着急，多次请命魏王使大将晋鄙出兵救赵未果。魏无忌聚集宾客车马百余乘，准备以死救赵。他经过夷门，见到侯嬴。侯嬴说：『公子您好自为之，老臣不能跟从！』魏无忌走了数里后，心中不快，又去见侯嬴。侯嬴笑说：『我就知道公子定会回来！如今公子没有别的办法亲自去迎战秦军，好比以肉驱虎，有何用处？』魏无忌向他请教计策。侯嬴退下左右说：『我听说晋鄙的兵符在魏王卧室里，魏王宠爱的如姬一定能把它偷出来。我曾听说公子为如姬报过杀父之仇，如姬如果表示愿意为您效劳，必定万死不辞。只要公子一开口，就可以夺取晋鄙之权，调集十万雄师北上击秦，这可是成就五霸的功业啊。』魏无忌按照他的办法去做，果真得到兵符。临行前，侯嬴又说：『大将在外，君命有所不受。假如晋鄙见到兵符仍不交出兵权，再请示魏王就危险了。我朋友朱亥，是个勇猛力士，他可以与您同去。如果晋鄙顺从，再好不过；如果不从，则可以令朱亥杀他！』于是魏无忌邀朱亥前去。

到了邺城，晋鄙看到兵符后，果然不信，他对魏无忌说：『我率领十万大军驻守边境，而你现在一人前来就想代替我，这怎么能行？』于是，朱亥突然从袖中抽出四十斤重的铁锥，打死晋鄙。魏无忌立刻调集军队，下令道：『父子二人都在军中的，父亲可以回去！兄弟二人如果都在军中的，兄长可以回去！独子无兄无弟的，可以回去赡养老人！』于是最终调集八万精兵，挥师北上。

奇货可居

秦太子之妃曰华阳夫人，无子；夏姬生子异人。异人质于赵；秦数伐赵，赵人不礼之。异人以庶孽①孙质于诸侯，车乘进②用不饶，居处困不得意。

（赧王五十八年）阳翟大贾吕不韦适邯郸，见之，曰：『此奇货可居！』乃往见异人，说曰：『吾能大子之门！』异人笑曰：『且自大君之门！』不韦曰：『子不知也，吾门待子门而大。』异人心知所谓，乃引与坐，深语。不韦曰：『秦王老矣。太子爱华阳夫人，夫人无子。子之兄弟二十余人，子傒③有秦国之业，士仓又辅之。子居中，不甚见幸，久质诸侯。太子即位，子不得争为嗣矣。』异人曰：『然则奈何？』不韦曰：『能立适嗣者，独华阳夫人耳。不韦虽贫，请以千金为子西游，立子为嗣。』异人曰：『必如君策，请得分秦国与君共之。』

注释 ①庶孽：庶，庶出，非嫡子。非嫡子曰孽。②进：财。③子傒：盖秦太子之子，爱而居长者。

译文 秦国的太子妃华阳夫人没有儿子，其妾夏姬生有赢异人。异人被抵押于赵国，秦国几次罚赵，赵国人便对他不以礼相待。异人又因为是庶出被人当做人质扣押在国外，车马供给都不很充足，所以生活窘困，并不如意。

周赧王五十八年（前二五七年），阳翟的大商人吕不韦来到邯郸，见到赢异人，说：『这可是可以囤积起来卖个好价钱的稀货啊！』于是前去拜访，说：『我可以光大你的门第！』异人笑道：『你先光大自己的门第吧！』吕不韦说：『你不知道，我的门第得靠你的门第才能光大。』异人心中知道他想说什么，于是便引座与他深聊。吕不韦说：『秦王老了。太子宠爱华阳夫人，而华阳夫人没有儿子。你们兄弟二十多人，子傒是长子，又有士仓辅助他，只有他能继承大业。而你身置居中，不受重视，又长期做人质。如果太子即位，你必定无法与其争夺继承人的位置。』异人说：『那我能怎么办呢？』吕不韦说：『能够决定继承人的，只有华阳夫人。我吕不韦虽然贫穷，但愿意拿出千金来为你到西边游说，使你成为继承人。』异人道：『如果您的计策能够实现，我愿意分出秦国的一半疆土与你共同享有。』

不韦乃以五百金与异人，令结宾客。复以五百金买

奇物玩好，自奉而西，见华阳夫人之姊，而以奇物献于夫人，因誉子异人之贤，宾客遍天下，常日夜泣思太子及夫人，曰：『异人也以夫人为天！』夫人大喜。

不韦因使其姊说夫人曰：『夫以色事人者，色衰则爱弛。今夫人爱而无子，不以繁华时早自结于诸子中贤孝者，举以为适，即色衰爱弛，虽欲开一言，尚可得乎！今子异人贤，而自知中子不得为适，夫人诚以此时拔之，是子异人无国而有国，夫人无子而有子也，则终身有宠于秦矣。』夫人以为然，承间言于太子曰：『子异人绝贤，来往者皆称誉之。』因泣曰：『妾不幸无子，愿得子异人立以为子以托妾身！』太子许之，与夫人刻玉符，约以为嗣，因厚馈遗异人，而请吕不韦傅之。异人名誉盛于诸侯。

译文 吕不韦把五百金交给异人，让他结交宾客。又给他五百金买奇宝珍玩，自己带着去了西边，见到了华阳夫人的姐姐，把那些奇珍异宝献给她，赞誉异人的贤明，宾客遍天下，常常日夜哭泣思念太子和夫人，说：『异人把夫人当作天！』华阳夫人大喜。

吕不韦又通过她姐姐对华阳夫人说：『靠色相侍奉别人的人，随着色衰给她的宠爱就会慢慢消减。现在夫人受宠却没有儿子，不趁年轻早在诸子中挑选一个贤良孝顺的儿子，等到年老失去宠爱时，即使想说一句话，都没有用！现在有一个异人贤德，又知道自己排行居中，要是夫人提拔他，这就使异人从无国变为有国，夫人从无子变为有子，夫人便终身在秦国得到恩宠了。』华阳夫人觉得这话很对，便借着机会对太子说：『儿子异人绝顶贤明，来往之人都向我称颂他。』又泣道：『臣妾不幸没有儿子，愿意把异人收为自己的儿子以托妾身！』太子于是答应了她，与华阳夫人刻下玉符，约定异人为继承人，并且厚馈异人，请吕不韦辅佐他。异人的盛名从这一刻起传遍了诸侯。

吕不韦娶邯郸诸姬绝美者与居，知其有娠，异人从不韦饮，见而请之。不韦佯怒，既而献之，孕期年而生子政，异人遂以为夫人。

邯郸之围，赵人欲杀之，异人与不韦行金六百斤予守者，脱亡赴秦军，遂得归。异人楚服而见华阳夫人，夫人曰：『吾楚人也，当自子之。』因更其名曰楚。

译文 吕不韦娶到一位邯郸最美的女子，与其同居，知道她已有身孕。异人和吕不韦饮酒，见到这位女子，便想要来。吕不韦假装生气，然后把她献给了异人。一年后，该女子生下了嬴政，异人把她立为正室夫人。

邯郸被围困，赵人想杀死异人，异人与吕不韦拿六百金给看守，逃亡奔赴秦军，于是得以归国。异人着楚服见华阳夫人，夫人说：『我就是楚国人啊。看来你真的是我的儿子！』于是把他的名字改为楚。

秦纪

荆轲刺秦

燕太子丹尝质于赵，与王善。王即位，丹为质于秦，王不礼焉。丹怒，亡归。

燕太子丹怨王，欲报之，以问其傅鞠武。鞠武请西约三晋，南连齐、楚，北媾匈奴以图秦。太子曰：『太傅之计，旷日弥久，令人心惛然，恐不能须①也。』

顷之，将军樊於期得罪，亡之燕；太子受而舍②之。鞠武谏曰：『夫以秦王之暴而积怒于燕，足为寒心，又况闻樊将军之所在乎！是谓委肉当饿虎之蹊也。愿太子疾遣樊将军入匈奴！』太子曰：『樊将军穷困于天下，归身于丹，是固丹命卒之时也，愿更虑之！』鞠武曰：『夫行危以求安，造祸以为福，计浅而怨深，乃连结一人之后交，不顾国家之大害，所谓资怨而助祸矣。』太子不听。

注释 ①须：等待。②舍：馆。

译文 燕国的太子姬丹曾在赵国做人质，与秦王嬴政是好朋友（嬴政生于赵国）。嬴政即位时，姬丹刚好在秦国当人质。嬴政却并不以礼相待他，太子丹大怒，逃回了燕国。

太子姬丹怨恨秦王，想报复，于是问太傅鞠武。鞠武请太子丹西与三晋韩、赵、魏联盟，南与齐、楚联合，北与匈奴结亲，以此来消灭秦国。太子丹说：『太傅之计，旷日持久，虽然不错，恐怕我来不及等待。』

过了没多久，秦国将军樊於期得罪，逃亡燕国。太子丹接待他，并为他安排客馆住下。鞠武对太子丹说：『凭秦王的暴虐和对燕国的积愤，足以令人胆寒，更何况再听说樊将军就在燕国！这可谓把肉放在饿虎往来的小道上。希望太子马上把樊将军送到匈奴去！』太子丹说：『樊将军穷困时来投我，这本来就是我该舍命保护的时候，请您考虑其他办法吧！』鞠武说：『您做危险的事情来求安稳，制造灾祸却当作福祉，谋略浅薄而积怨深重，为结交一人而不顾国家大害，这是资怨助祸之举啊！』太子丹不听。

（始皇帝十九年）太子闻卫人荆轲之贤，卑辞厚礼而请见之。

谓轲曰：『今秦已虏韩王，又举兵南伐楚，北临赵；赵不能支秦，则祸必至于燕。燕小弱，数困于兵，何足以当秦！诸侯服秦，莫敢合从。丹之私计

愚，以为诚得天下之勇士使于秦，劫秦王，使悉反诸侯侵地，若曹沫之与齐桓公，则大善矣；则不可，因而刺杀之。彼大将擅兵于外而内有乱，则君臣相疑，以其间，诸侯得合从，其破秦必矣。唯荆卿留意焉！』荆轲许之。于是舍荆卿于上舍，太子日造门下，所以奉养荆轲，无所不至。

及王翦灭赵，太子闻之惧，欲遣荆轲行。荆轲曰：『今行而无信，则秦未可亲也。诚得樊将军首与燕督亢之地图，奉献秦王，秦王必悦见臣，臣乃有以报。』太子曰：『樊将军穷困来归丹，丹不忍也！』荆轲乃私见樊於期曰：『秦之遇将军，可谓深矣，父母宗族皆为戮没！今闻购将军首，金千斤，邑万家，将奈何？』於期太息流涕曰：『计将安出？』荆卿曰：『愿得将军之首以献秦王，秦王必喜而见臣，臣左手把其袖，右手揕其胸，则将军之仇报而燕见陵之愧除矣！』樊於期曰：『此臣之日夜切齿①腐心也！』遂自刎。

太子闻之，奔往伏哭，然已无奈何，遂以函盛其首。太子豫求天下之利匕首，使工以药淬②之，以试人，血濡缕，人无不立死者。乃装为遣荆轲，以燕勇士秦舞阳为之副，使入秦。

注释 ①切齿：齿间相磨。②淬：染、浸泡。

译文 秦始皇帝十九年（前二二八年），太子丹听说卫国有一个叫荆轲的人很有才能，便卑词厚礼前去求见。

太子丹对荆轲说：『现在秦国已经俘虏了韩王，又举兵向南进犯楚国，向北进攻，逼近赵国。赵国不能抵抗秦国，以后灾祸早晚要降临到燕国。燕国弱小，总被战争困扰，哪里能抵挡秦国！诸侯们又都屈服秦国，没有再敢联盟的了。我个人愚见，如果真能以一片赤诚换得天下最勇猛的勇士，挟持秦王，迫使他归还各国土地，像曹沫与齐桓公当年那样，就再好不过。若不可，那就刺杀秦王。他的大将都在外，而国内发生动乱，君臣之间必然互相怀疑。抓住这个时机，各国如果能继续联合起来，那么早晚能打败秦军。我希望您能留心这件事。』荆轲答应了他。于是太子丹让荆轲住上了上等客店，太子丹每天亲自探望，对他无微不至。

秦将王翦灭了赵国，太子丹听到后十分惊恐，于是催促荆轲出发。荆轲说：『我现在前往秦国，没有使人信任的理由，未必可以亲近秦王。要是能得到樊将军首级和燕国的地图送给秦王，那秦王一定乐意召见我，那样我才有机会行刺他。』太子丹说：『樊将军在穷途末路时来投奔我，我怎能忍心杀他！』于是荆轲私下里见樊於期说：『秦国对您而言，可以说是仇深似海，您的父母宗族皆为其所杀！现在我听说秦国又悬赏千斤黄金、万户封地要您的头颅，您打算怎么办？』樊於期痛哭流涕道：『那能怎么办呢？』荆轲说：『我想用您的头颅献给秦王，秦王必定欣喜召见于我，到时我左手拉住他的袖子，右手持匕首刺入他的胸膛。这样，将军您的大仇和燕国的耻辱就一并洗刷干净了！』樊於期说：『这正是我日夜来撕心裂肺渴求之事。』说完便拔剑自刎。

太子丹听到这件事匆忙赶来，跪在尸体上痛哭，然而已无济于事，于是用匣子装起樊於期的头。太子丹早已取得天下最锋利的匕首，使工匠以毒药浸泡，又用人来做实验，只要渗出一滴血，没有不一命呜呼的。随即收拾行装送荆轲出发，又让燕国勇士秦舞阳做他的助手，两人一起出使秦国。

点评 燕丹于礼致荆轲之初，画两端之策；荆轲守其初说，所以事不成。要之，战国之士皆祖曹沫之故智，若蔺相如会秦王、毛遂结从于楚之类是也。（胡三省）

（始皇帝）二十年，荆轲至咸阳，因王宠臣蒙嘉卑辞以求见；王大喜，朝服，设九宾而见之。

荆轲奉图而进于王，图穷而匕首见，因把王袖而揕之；未至身，王惊起，袖绝。荆轲逐王，王环柱而走。群臣皆愕，卒起不意，尽失其度。而秦法，群臣侍殿上者不得操尺寸之兵，左右以手共搏之，且曰：『王负剑！』负剑，王遂拔以击荆轲，断其左股。荆轲废，乃引匕首擿王，中铜柱。自知事不就，骂曰：『事所以不成者，以欲生劫之，必得约契以报太子也！』遂体解荆轲以徇。

王于是大怒，益发兵诣赵，就王翦以伐燕，与燕师、代师战于易水之西，大破之。

二十一年，冬，十月，王翦拔蓟，燕王及太子率其精兵东保辽东，李信急追之。代王嘉遗燕王书，令杀太子丹以献。丹匿衍水中，燕王使使斩丹，欲以献王，王复进兵攻之。

译文 秦始皇帝二十年（前二二七年），荆轲到达秦国都城咸阳，通过秦王宠臣蒙嘉，谦词求见秦王，秦王很高兴，穿上朝会的礼服，在朝会上迎接荆轲。

荆轲把地图进献给秦王，图到末尾而匕首出现，荆轲于是立刻抓住秦王衣袖刺之。没有刺到，秦王惊起，把袖子挣脱。荆轲追赶秦王，秦王围绕柱子跑。群臣惊愕，出乎意料，全都失去风度。而秦国法律规定臣子上殿不许带任何武器。大家徒手上前扑打荆轲，并说：『大王取剑！』秦王拿到宝剑，拔出来砍断了荆轲的左腿。荆轲无法再追击，把匕首掷向秦王，击中铜柱。荆轲知道行刺之事无法完成，大骂道：『此事之所以不成，是因为我想生擒你，归还土地报答太子。』于是，荆轲被分尸示众。

秦王大怒，更加派兵去赵国，随王翦军队伐燕。与燕军、代军在易水之西交战，大胜。

二十一年（前二二六年），冬季，十月，秦将王翦攻克燕都蓟城，燕国国君和太子姬丹率领精锐部队撤到辽东，秦将李信率军急追。代王赵嘉送信给燕王，要他杀死太子丹献给秦王。太子丹藏于衍水一带，燕王派遣使者前往衍水杀死太子丹，想要把他的头颅献给秦王，秦王仍然下令攻燕。

◎秦纪·荆轲刺秦 〇三三
◎秦纪·秦末农民起义 〇三四

秦末农民起义

（秦二世皇帝元年）秋，七月，阳城人陈胜、阳夏人吴广起兵于蕲①。是时，发闾左②戍渔阳，九百人屯大泽乡，陈胜、吴广皆为屯长。会天大雨，道不通，度已失期；失期，法皆斩。陈胜、吴广因天下之愁怨，乃杀将尉，召令徒属曰：『公等皆失期当斩；假令毋斩，而戍死者固什六七。且壮士不死则已，死则举大名耳！王侯将相，宁有种乎！』众皆从之。乃诈称公子扶苏、项燕，为坛而盟，称大楚；陈胜自立为将军，吴广为都尉。攻大泽乡，拔之；收而攻蕲，蕲下。乃令符离人葛婴将兵徇蕲以东；攻铚、酂、苦、柘、谯，皆下之。行收兵；比至陈，车六七百乘，骑千余，卒数万人。攻陈，陈守、尉皆不在，独守丞与战谯门中，不胜；守丞死，陈胜乃入据陈。

初，大梁人张耳、陈余相与为刎颈交。秦灭魏，闻二人魏之名士，重赏购求之。张耳、陈余乃变名姓，俱之陈，为里监门以自食。里吏尝以过笞陈余，陈余欲起，张耳蹑之，使受笞。吏去，张耳乃引陈余之桑下，数之曰：『始吾与公言何如？今见小辱而欲死一吏乎！』陈余谢之。陈涉既入陈，张耳、陈余诣门上谒。陈涉素闻其贤，大喜。陈中豪杰父老请立涉为楚王，涉以问张耳、陈余。耳、余对曰：『秦为无道，灭人社稷，暴虐百姓；将军出万死之计，为天下除残也。今始至陈而王之，示天下私。愿将军毋王，急引兵而西；遣人立六国后，自为树党，为秦益敌；敌多则力分，与众则兵强。如此，则野无交兵，县无守城，诛暴秦，据咸阳，以令诸侯；诸侯亡而得立，以德服之，则帝业成矣！今独王陈，恐天下懈也。』陈涉不听，遂自立为王，号『张楚』。当是时，诸郡县苦秦法，争杀长吏以应涉。

注释 ①蕲：蕲县属沛郡，有大泽乡。②闾左：闾里之左。富强为右，贫弱为左。

译文 秦二世皇帝元年（前二〇九年）秋季，七月，阳城人陈胜、阳夏人吴广起兵在蕲县。当时，秦国征闾左贫民前去渔阳戍边，九百人屯于大泽乡，陈胜、吴广均为屯长。正好赶上天降大雨，道路泥泞，无法按时到达。而秦法曰，不按时到达，一律处死。天下百姓对秦王朝充满怨恨，于是陈胜吴广便一怒杀掉看守他们的将尉，对大伙说：『大家已经延误时期，依法当斩。即使不被斩，到了边疆，偷生者十分之一都不到。而且，壮

士不死则已，死则要做件大事。凭什么王侯将相就要在我们之上！』于是众人响应。陈胜、吴广便以死去的扶苏之名和楚国大将项燕，搭建祭坛，宣布盟誓，称为『大楚』。陈胜自立为将军，吴广为都尉。起义兵攻陷大泽乡，招收义军，进攻蕲地。蕲地到手后，马上命符离人葛婴率军攻掠蕲以东地区，继而铚、酂、苦、柘、谯等地都被攻取。等到达陈地时，起义军已有战车六七百辆，骑兵千余，步兵数万人。攻打陈城时，郡守和郡尉都不在，只有郡丞在谯楼下抵抗义军，战败，郡丞死掉。陈胜领兵入城占领了陈地。

当初，大梁人张耳、陈余结为生死之交。秦国灭魏时，听说这两个人是魏国的名士，想要悬赏令他们为秦服务。张耳、陈余于是改名换姓，一起逃到陈地，在那当看守来维生。那里的官吏曾因为陈余犯了小错而鞭打他，陈余要反抗，张耳踩他的脚，让他忍受鞭刑。等那小官离开后，张耳便把陈余拉到桑树下说：『当初我怎么跟你说的？现在刚遇上一点小辱，便忍无可忍要去拼命！』陈余于是向他道歉。等到陈胜来到陈地时，张耳、陈余便去求见。陈胜早听说他们贤能，很高兴。陈城中父老乡亲全都希望立陈胜为楚王，陈胜就拿这件事问两人。两人答道：『秦暴虐无道，覆灭别的国家，残害百姓。而今您冒万死为天下除害，却刚到陈地就要称王，这是向天下人表明您的私心。愿将军不要称王，马上引兵向西，唆使其他人重新树起六国旗帜，为秦国立敌。秦的树敌一多，兵势自然分散，各国联合起来，兵力必然强大。这样，野兵不必交锋，城池也没有兵力守城，以铲除暴秦，占据咸阳的名号，号令诸侯。等到秦国诛灭，您再以德政令其臣服，如果这样，您的帝王大业便指日可期。现在您只单单一个陈地，天下人可能没人会响应号召。』陈胜不听，于是自立为楚王，号『张楚』。当时，各郡县百姓都苦于秦法残酷，于是争相诛杀当地长官，以响应陈胜。

点评 秦之发兵戍边，本为防胡，然天下之乱，乃不在于胡虏，而反在于戍卒。秦之销兵，本为止乱，然以斩木揭竿之人，遂能乱天下而不可制。可见保邦之道，安民为本。若能布德施惠，轻徭薄赋，使民皆爱戴其上，而不生离叛之心，则虽有陈胜、吴广之雄，亦何所借以生乱哉。秦不知此，而以无道失天下，一夫作难而四海土崩。《书经》上说『可畏非民』，诚可畏也。（张居正）

资治通鉴

（二世皇帝元年）九月，沛人刘邦起兵于沛，下相人项梁起兵于吴，狄人田儋起兵于齐。

刘邦，字季，为人隆准①、龙颜，左股有七十二黑子。爱人喜施，意豁如也；常有大度，不事家人生产作业。初为泗上亭长②，单父人吕公，好相人，见季状貌，奇之，以女妻之。

既而季以亭长为县送徒骊山，徒多道亡。自度比至皆亡之，到丰西泽中亭，止饮，夜，乃解纵所送徒曰：『公等皆去，吾亦从此逝矣！』徒中壮士愿从者十余人。

刘季被酒③，夜径泽中，有大蛇当径，季拔剑斩蛇。有老妪哭曰：『吾子，白帝子也，化为蛇，当道；今赤帝子杀之！』因忽不见。刘季亡匿于芒、砀山泽之间，数有奇怪；沛中子弟闻之，多欲附者。

及陈涉起，沛令欲以沛应之。掾、主吏萧何、曹参曰：『君为秦吏，今欲背之，率沛子弟，恐不听。愿君召诸亡在外者，可得数百人，因劫众，众不敢不听。』乃令樊哙召刘季。刘季之众已数十百人矣；沛令后悔，恐其有变，乃闭城城守，欲诛萧、曹。萧、曹恐，逾城保刘季。刘季乃书帛射城上，遗沛父老，为陈利害。父老乃率子弟共杀沛令，开门迎刘季，立以为沛公④。萧、曹等为收沛子弟，得三千人，以应诸侯。

注释 ①准：鼻。②亭长：主亭之吏。秦法，十里一亭。③被酒：被，加。④沛公：春秋时，楚僭王名号，他的大夫也多为县公，如申公、叶公、鲁阳公等。今之沛公，用楚制也。

译文 秦二世元年（前二〇九年）九月，沛人刘邦在沛起兵，下相人项梁在吴起兵，狄人田儋在齐国旧地起兵。

刘邦，字季，此人高鼻梁，眉骨高如龙额，左大腿上有七十二颗黑痣。他好善喜施，心胸开阔，有远大志向，不安于普通生产作业。他一开始为泗水亭长，单父县人吕公喜欢相面，见他面相非同寻常，于是就把女儿嫁给了他。

不久，刘邦以亭长之职押送劳役去骊山，途中很多劳役逃亡。刘邦想这样下去到了骊山人就跑光了，于是到了丰乡西面泽中亭便休息饮酒，到了晚上，他放了所有劳役说：『你们走吧，我也逃命去了！』劳役中有愿意跟随他的人十几个。

刘邦酒醉，趁夜从小道走进湖沼地，有一条大蛇挡住他的去路，他拔剑斩大蛇。这时一位老妇人突然出现，哭着说：『我儿子是白帝的儿子，变成蛇挡在

小路上，而今天却被赤帝的儿子杀了！』老妇人说完话便消失了。刘邦立刻逃亡，隐在芒、砀山泽之中，这里经常发生怪异之事，沛县的年轻人听说这件事，都打算跟随他。

等到陈胜起兵之时，沛县县令打算举城响应。主吏萧何、狱掾曹参都对县令说：『您是秦朝官吏，现在想背叛朝廷，率子弟起事，我想他们不会听您的号召。要是把那些流亡在外的数百人召集起来，号令他们，他们就没有不听的了。』于是县令找来樊哙令他召刘邦前来，这时刘邦已经有了百十余人的军队。县令事后懊悔，害怕刘邦来后会有什么变故，就下令闭城，诛杀萧何、曹参。萧、曹二人没有想到，于是翻出城墙去投刘邦。刘邦于是在布绸上写明利害关系，把箭射在城墙上告知沛县父老。父老们于是率领年轻一辈杀掉县令，敞开城门迎接刘邦，拥立他为『沛公』。萧何、曹参等募集沛县青年三千人，响应各地抗秦。

点评 自古帝王之兴，往往有非常之兆，其迹似怪，而要以至理。盖天命之去暴归仁，无从可见，故假之物事，露其机缄，以示神器有归，使人心知向，而举大事者不疑也。班彪谓高祖之兴有五，其一曰：神武有征应。盖以是哉。（张居正）

项梁者，楚将项燕子也，尝杀人，与兄子籍避仇吴中。吴中贤士大夫皆出其下。

籍少时学书，不成，去；学剑，又不成。项梁怒之。籍曰：『书，足以记名姓而已！剑，一人敌，不足学；学万人敌！』于是项梁乃教籍兵法，籍大喜；略知其意，又不肯竟学。籍长八尺余，力能扛鼎，才器过人。

会稽守殷通闻陈涉起，欲发兵以应涉，使项梁及桓楚将。是时，桓楚亡在泽中。梁曰：『桓楚亡，人莫知其处，独籍知之耳。』梁乃诫籍持剑居外，梁复入，与守坐，曰：『请召籍，使受命召桓楚。』守曰：『诺。』梁召籍入。须臾，梁眴籍曰：『可行矣！』于是籍遂拔剑斩守头。项梁持守头，佩其印绶①。门下大惊，扰乱；籍所击杀数十百人，一府中皆慑②伏，莫敢起。

梁乃召故所知豪吏，谕以所为起大事，遂举吴中兵，使人收下县③，得精兵八千人。梁为会稽守，籍为裨将，徇下县。籍是时年二十四。

注释 ①绶：官印。②慑：威慑。③下县：会稽管辖之下诸县。

译文 项梁是楚国大将项燕之子，曾因杀人，与其兄长子项羽逃到吴避仇。吴有声望之人皆汇集项梁门下。

项羽少年学书不成，于是改为练武，也不成。于是叔父项梁很生气，项羽却说：『识字习武，都不值得去学。要学就学可以抵挡千万人的本领！』于是项梁便传授项羽兵法，项羽大喜，但略懂兵法以后，又不肯学了。项羽身长八尺，力可扛鼎，才干、器度都超过一般人。

会稽郡郡守殷通听闻陈胜起兵，想要发兵响应陈胜，便命项梁和桓楚为将。这时，桓楚正在泽中逃亡。项梁说：『桓楚逃亡中，没有人知道他的下落，只有项羽知道。』项梁吩咐过项羽在外持剑等候，他便与郡守同坐，说：『请您召见项羽，让他受命召回桓楚。』殷通说：『好吧。』项梁于是唤项羽进来受命。不一会儿，项梁对项羽使了个眼色，项羽便起身斩下殷通的头。项梁拿着他的头，带上郡守的官印。守卫的士兵们大乱，项羽击杀了百十余人，所有人都不敢再上前。

项梁召集从前跟随他的良将，把起义大事讲给他们，然后举兵吴中，收复了会稽下郡县，俘获精兵八千人。项梁做了会稽郡守，项羽为副将，时年二十四岁。

点评 史称其（项羽）有拔山之力，盖世之气，亦一时之雄也。然德不足而力有余，岂足为天下生灵之主哉，此所以终不能成大事也。（张居正）

刘邦入关

（二世皇帝三年）春，二月，沛公北击昌邑，遇彭越；彭越以其兵从沛公。

越，昌邑人，常渔巨野泽中，为群盗。陈胜、项梁之起，泽间少年相聚百余人，往从彭越曰：『请仲为长。』越谢曰：『臣不愿也。』少年强请，乃许；与期旦日日出会，后期者斩。旦日日出，十余人后，后者至日中。于是越谢曰：『臣老，诸君强以为长。今期而多后，不可尽诛，诛最后者一人。』令校长斩之。皆笑曰：『何至于是！请后不敢。』于是越引一人斩之，设坛祭，令徒属，皆大惊，莫敢仰视。乃略地，收诸侯散卒，得千余人，遂助沛公攻昌邑。

译文 秦二世三年（前二〇七年）春季，二月，刘邦北击昌邑，遇到彭越。彭越率领他的军队跟随刘邦。

彭越是昌邑人，常在野湖里捕鱼，后与人结伙为盗。陈胜、项梁起义时，泽间的青年们相聚一百多人，追随彭越说：『请您为将领。』彭越推辞道：『我不愿意。』青年们于是竭力请求，彭越终于还是答应了，约定次日清晨集合，迟到者斩首。第二天，有十多个人迟到，最晚的中午才到。彭越便说：『我已经老了，被你们推举为首领。今天迟到的人太多了，不能都杀了，我只杀最后一个。』随后命令校长杀人。大家都笑着说：『何必这么认真，以后不再这样就是了。』可彭越真的把那个人杀了，为他设立祭坛，以号令跟随他的从属，众人皆大惊，再也不敢仰视他。后来，彭越攻城略地，收集其他军队中的逃兵，攒上千人，相助刘邦攻取昌邑。

昌邑未下，沛公引兵西过高阳。

高阳人郦食其，家贫落魄①，为里监门。沛公麾下骑士适食其里中人，食其见，谓曰：『诸侯将过高阳者数十人，吾问其将皆龌龊，好苛礼，自用，不能听大度之言。吾闻沛公慢而易人，多大略，此真吾所愿从游，莫为我先。若见沛公，谓曰：「臣里中有郦生，年六十余，长八尺，人皆谓之狂生。生自谓我非狂生。」』骑士曰：『沛公不好儒，诸客冠儒冠来者，沛公辄解其冠，溲溺其中，与人言，常大骂；未可以儒生说也。』郦生曰：『第②言之。』骑士从容言，如郦生所诫者。

沛公至高阳传舍③，使人召郦生。郦生至，入谒。沛公方倨床，使两女子洗足而见郦生。郦生入，则长

揖不拜，曰：『足下欲助秦攻诸侯乎，且欲率诸侯破秦也？』沛公骂曰：『竖儒！天下同共苦秦久矣，故诸侯相率而攻秦，何谓助秦攻诸侯乎！』郦生曰：『必聚徒、合义兵诛无道秦，不宜倨见长者！』于是沛公辍洗，起，摄④衣，延郦生上坐，谢之。郦生因言六国从横时。沛公喜，赐郦生食，问曰：『计将安出？』郦生曰：『足下起纠合之众，收散乱之兵，不满万人；欲以径入强秦，此所谓探虎口者也。夫陈留，天下之冲，四通五达之郊也；今其城中又多积粟。臣善其令，请得使之令下足下；即不听，足下引兵攻之，臣为内应。』于是遣郦生行，沛公引兵随之，遂下陈留；号郦食其为广野君。郦生言其弟商。时商聚少年得四千人，来属沛公，沛公以为将，将陈留兵以从。郦生常为说客，使诸侯。

注释 ①落魄：潦倒失意。②第：但。③传舍：传置之舍。④摄：敛。

译文 昌邑尚未攻克，刘邦就带兵往西穿过高阳。

高阳有个人叫郦食其，家境贫寒落魄，沦为看守所的小吏。刘邦有一位部下是郦食其的同乡，郦食其见他，对他说：『诸侯们将领中路过高阳的有几十人，我听说这些将领普遍器量狭小，好繁文缛礼，喜欢自以为是，听不进大度之言。我还听说刘邦为人简慢，却富有大谋略，这要是真的那样我就愿意跟随他，不过没人为我引见。你要是见了刘邦，告诉他：「我乡里有一个郦生，快六十岁了，身长八尺，人人都说他狂傲不羁，而他自己却说我非狂生。」』这时他的同乡说：『沛公不喜欢儒生，凡是有儒生顶着帽子前来，沛公都把他们的帽子解下来，往里面撒尿，和这些人说话，他总是大骂。所以你不能以儒生身份前去游说。』郦食其说：『就按我的话说吧。』骑兵于是按照他的话告诉了刘邦。

刘邦到高阳驿站，派人召郦食其来见。郦食其入谒，发现刘邦正躺在床上叫两个女子为他洗脚。郦食其进入后，只打揖不跪拜，道：『您是想帮助秦攻打诸侯们呢，还是想带领诸侯破秦？』刘邦骂道：『死儒！天下人共苦于秦久矣，所以各路诸侯才相率起而伐秦，哪有什么助秦之说。』郦食其说：『你要真打算聚众而讨伐无道暴秦，那您就不该如此无礼接见一个长者。』刘邦于是停止洗脚，起身整理好衣服，请郦食其坐上位，向他道歉。郦食其便谈起了六国合纵连横的事。刘邦很高兴，赐予郦食其食物，并问：『您的计策打算如何制定？』郦食其说：『您带领着一群乌合之众起义，途中又收敛散乱杂兵，而且不到万人，靠如此兵力想

资治通鉴

打败强秦，恐怕等于用手伸进老虎的嘴里。现在陈留是天下要道，四通八达，城里堆积了不少粮食。我与陈留县令有深厚的交情，想请您派我出使陈留，劝他投降；假如他不听我劝说，您就领兵攻城，我来做内应。』刘邦于是令郦食其出发，自己率军跟随，果然降服陈留，于是封郦食其为广野君。郦食其对他的弟弟郦商说了这件事。郦商便召集青壮年四千余人，前来投奔刘邦，刘邦任用郦商为将，命他率陈留之师随同作战。郦食其为说客，出使各国。

六月，与南阳守齮战犨东，破之，略南阳郡；南阳守走保城，守宛。沛公引兵过宛，西。

张良谏曰：『沛公虽欲急入关，秦兵尚众，距险；今不下宛，宛从后击，强秦在前，此危道也！』于是沛公乃夜引军从他道还，偃旗帜，迟①明，围宛城三匝。南阳守欲自刭，其舍人陈恢曰：『死未晚也。』乃逾城见沛公曰：『臣闻足下约先入咸阳者王之。今足下留守宛，宛郡县连城数十，其吏民自以为降必死，故皆坚守乘城。今足下尽日止攻，士死伤者必多；引兵去宛，宛必随足下后。足下前则失咸阳之约，后有强宛之患。为足下计，莫若约降封其守；因使止守，引其甲卒与之西。诸城未下者，闻声争开门而待足下，足下通行无所累。』沛公曰：『善！』

秋，七月，南阳守齮降，封为殷侯；封陈恢千户。引兵西，无不下者。至丹水，高武侯鳃、襄侯②王陵降。还攻胡阳，遇番君别将梅销，与偕攻析、郦，皆降。所过亡得卤③掠，秦民皆喜。

注释 ①迟：未。②襄侯：夏襄之侯。③卤：通『虏』。

译文 六月，刘邦领兵在南阳郡与秦国交战，击败秦军，夺取南阳。南阳郡守逃跑，固守宛城。刘邦于是绕道宛城西进。

张良进谏说：『现在您想尽快入关，可秦军目前仍旧兵多势众，而且据险以顽抗，如不先攻下宛城，日后如果敌人从后而出，我军就危险了。』刘邦听从张良的建议趁夜从小道绕回宛城。南阳太守见大势已去想要自杀，陈恢对他说：『我们还没到非死不可的地步。』于是翻过城墙对刘邦说：『我听说您与楚怀王有约，先入咸阳者为王。如今您在宛城上浪费时间，而宛城巨大，连绵十余座城，城中将士都以为必死无疑，必会顽强抵抗。要是您暂且放过宛城，宛城守军又会从后偷袭，这样，您既会误了入咸阳称王之约，又要被后来的

追兵驱赶，我真为您担忧啊。现在，我为您打算，您不如订约招降，加封南阳郡守，让他留在城中替您守城，您则领其军一并西进。我想那些尚未投降的将领也会闻风开城受降的。到时候，您便通行无阻了。』刘邦说：『好！』等到秋季，七月，南阳郡守吕齮便举城投降，刘邦封他为殷侯，并赐予陈恢一千户百姓口粮。

刘邦接下来率军西进，所过之城没有不开城献降的。到了丹水时，高武侯戚鳃、襄侯王陵也相继归顺。刘邦又攻胡阳，遇到番君的属下梅将军，他们一起攻伐析、郦二地，二地相继投降。刘邦严明军纪，下令所过之处不得烧杀抢掠，秦国的百姓见到汉军都很高兴。

初，中丞相赵高，欲专秦权，恐群臣不听，乃先设验，持鹿献于二世曰：『马也。』二世笑曰：『丞相误邪，谓鹿为马？』问左右，或默，或言马以阿顺赵高，或言鹿者。高因阴中诸言鹿者以法。后群臣皆畏高，莫敢言其过。

高前数言『关东盗无能为也』；及项羽虏王离等，而章邯等军数败，上书请益助。自关以东，大抵尽畔秦吏，应诸侯；诸侯咸率其众西向。八月，沛公将数万人攻武关，屠之。高恐二世怒，诛及其身，乃谢病，不朝见。

（高）阴与其婿咸阳令阎乐及弟赵成谋曰：『上不听谏；今事急，欲归祸于吾。吾欲易置上，更立子婴。子婴仁俭，百姓皆载其言。』郎中令与乐俱入，射上幄①坐帏。二世自杀。（赵高）乃立子婴为秦王。以黔首葬二世杜南宜春苑中。

九月，赵高令子婴斋戒，当庙见，受玉玺；斋五日。子婴与其子二人谋曰：『丞相高杀二世望夷宫，恐群臣诛之，乃诈以义立我。我闻赵高乃与楚约，灭秦宗室而分王关中。今使我斋，见庙，此欲因庙中杀我。我称病不行，丞相必自来；来则杀之。』高使人请子婴数辈，子婴不行。高果自往，曰：『宗庙重事，王奈何不行？』子婴遂刺杀高于斋宫，三族高家以徇。

注释 ①幄：上下四旁悉周曰幄。帏：单帐。

译文 当初，中丞相赵高欲独揽大权，但恐群臣不服，便先行试验，牵一头鹿来献予二世皇帝曰：『此为马也。』二世笑道：『丞相错了，这明明是一只鹿！』说完便询问左右公卿大臣，其中有些人沉默，有些人顺应赵高的话，说确实是马，还有些人说，这明明是鹿。赵高于是暗中陷害了曾经说其为鹿之人，往后群臣都害怕

赵高，没人再敢指出他的过错。

赵高曾经多次表示：『关东之贼成不了气候』，等到项羽俘虏王离，章邯也节节败退时，赵高才上书请求增援。这时自函谷关以东，大部分地盘已经叛变，诸侯们都率领这些人向西进攻。到了八月，沛公以数万之众攻陷武关，屠城。赵高担心二世发怒，招来杀身之祸，便托病不出，不再上朝。

赵高暗地里与女婿咸阳县令闫乐以及弟弟赵成商量：『如今皇上不听进谏，情势危急，想要把罪祸嫁祸于我，我打算更换天子，立子婴。子婴仁爱简朴，必然受到百姓爱戴。』郎中令便与阎乐一起入宫，射烂二世帷帐。于是，秦二世自杀。赵高立子婴为秦王，以百姓礼节葬秦二世于宜春苑。

九月，赵高下令子婴斋戒，到庙宇参拜祖先接受玉玺。斋戒到第五天，子婴与其子二人商量道：『赵高杀二世于望夷宫，恐怕被群臣诛杀，所以借我名号立帝。我听说赵高已经和楚军相约，灭亡秦国宗室后便平分关中之地。今日其令我斋戒至庙，是想在庙中杀我。我要是称病不去，丞相必然自来。我们不如借此机会，除掉他。』赵高于是几次派人去请子婴，子婴都不去。赵高果然亲自前往，对他说：『庙宇之事，大王怎能不去呢。』子婴便按计在斋宫击杀赵高，诛三族以示众。

（子婴）遣将兵距峣关①，沛公引兵绕峣关，逾蒉山，击秦军，大破之蓝田南。遂至蓝田，又战其北，秦兵大败。（太祖高皇帝）元年，冬，十月，沛公至霸上；秦王子婴素车、白马，系颈以组，封皇帝玺、符、节，降轵道旁。

沛公西入咸阳，诸将皆争走金帛财物之府分之；萧何独先入收秦丞相府图籍藏之，以此沛公得具知天下阸塞、户口多少、强弱之处。沛公见秦宫室、帷帐、狗马、重宝、妇女以千数，意欲留居之。樊哙谏曰：『沛公欲有天下耶，将为富家翁耶？凡此奢丽之物，皆秦所以亡也，沛公何用焉！愿急还霸上，无留宫中！』沛公不听。张良曰：『秦为无道，故沛公得至此。夫为天下除残贼，宜缟素②为资。今始入秦，即安其乐，此所谓「助桀为虐」。且忠言逆耳利于行，毒药苦口利于病，愿沛公听樊哙言！』沛公乃还军霸上。

十一月，沛公悉召诸县父老、豪杰，谓曰：『父老苦秦苛法久矣！吾与诸侯约，先入关者王之；吾当王关中。与父老约法三章耳：杀人者死，伤人及盗抵③罪。余悉除去秦法，诸吏民皆案④堵如故。凡吾所以

来，为父老除害，非有所侵暴，无恐！且吾所以还军霸上，待诸侯至而定约束耳。』乃使人与秦吏行县、乡、邑，告谕之。秦民大喜，争持牛、羊、酒食献飨军士。沛公又让不受，曰：『仓粟多，非乏，不欲费民。』民又益喜，唯恐沛公不为秦王。

注释 ①峣关：峣山之关。在上洛北，蓝田南，武关之西。②缟素：丧服。③抵：至。④案：次第。

译文 子婴调兵遣将增守峣关，刘邦绕过峣关，直击秦军，在蓝田之南大败秦军，随后又到蓝田，在蓝田北又一次战胜秦军。汉高帝元年（前二〇六年），冬季，十月，沛公刘邦率军抵达霸上。秦王子婴乘素车、驾白马，颈上系着绳子，手捧玉玺和符节向刘邦献上。

刘邦率军进入咸阳，众将士急忙进入秦国宫殿里瓜分财宝，只有萧何入宫后先取出丞相府中的地图册，文书，户籍簿，好让刘邦了解天下川塞，人口分布，物资多寡。刘邦见到秦宫内数不尽的金银珠宝，美女名马，便想留下来居住。樊哙劝谏说：『您的愿望是想拥有天下还是只想当个富翁？这些奢华之物，都是招致秦王朝覆灭的东西，您要这些有什么用啊。希望您尽快重返霸上，不要呆在宫中。』刘邦不听。张良说：『秦朝不施仁政，所以您才能来这里。为天下人铲除残暴之贼，应该像穿丧服那样。现在您刚进入秦国都城，就安于享乐，这不是「助桀为虐」么。况且忠言逆耳利于行，良药苦口利于病，希望您能听樊哙的忠告！』刘邦觉得张良说得对，于是带兵返回霸上。

十一月，刘邦对各县父老、豪杰说：『父老们受暴秦之苦已经很久了！我与各路诸侯约定过，先入关的人，便可在关中称王。我如今作为关中之王，便要和你们约法三章：杀人者处死，伤人和盗窃同罪。剩下的秦法一概除去，以前的官员各司其职不作变动。我之所以到这儿来，就是为了替父老们除害，并不会欺凌你们，请你们不要害怕！况且我还会返军霸上，等众诸侯到来一并履行约定。』于是派人与秦朝官吏一起到县、乡、镇等地巡视，向老百姓说明情况。秦国百姓大喜，争相拿着牛、羊、酒食献给军士。刘邦谦让不肯接受，说：『仓库里还有很多粮食，并不缺乏，不想破费百姓。』百姓们于是更加高兴，唯恐刘邦不在秦称王。

点评 萧何志虑高远，迥出于寻常之外。汉高祖所以能成帝业，何之力居多。史称其为一代宗臣，岂不信哉！

（张居正）

资治通鉴

第三章

汉纪

鸿门宴

项羽既定河北，率诸侯兵欲西入关。

或说沛公曰：『秦富十倍天下，地形强。闻项羽号章邯为雍王，王关中，今则来，沛公恐不得有此。可急使兵守函谷关，无内诸侯军；稍征关中兵以自益，距之。』沛公然其计，从之。

已而项羽至关，关门闭；闻沛公已定关中，大怒，使黥布等攻破函谷关。（太祖高皇帝元年）十二月，项羽进至戏。沛公左司马曹无伤使人言项羽曰：『沛公欲王关中，令子婴为相，珍宝尽有之。』欲以求封。项羽大怒，飨士卒，期旦日击沛公军。当是时，项羽兵四十万，号百万，在新丰[1]鸿门；沛公兵十万，号二十万，在霸上。

注释 ①新丰：本为骊邑，高祖七年置，史书用后来的县名书写。

译文 项羽平定了黄河以北，率各路诸侯之师马上要向西入关。

有人劝说刘邦道：『秦之地比其他地方富饶十倍，地势善于作战。听说项羽封章邯为雍王，令其称王关

中。如果现在他来了，沛公恐怕拥有不了这个地方。不过还有办法，马上派兵把守函谷关，不让诸侯军队进入，稍微募集一些兵力增强部队，便可拒敌。』刘邦按照他的计谋行事。

不久，项羽到达函谷关，见关门紧闭，又听说刘邦已在关中称王，勃然大怒，下令黥布等人攻破函谷关。汉高帝元年（公元前二〇六年）十二月，项羽进军至戏地。刘邦的左司马曹无伤派人对项羽说：『沛公想要在关中称王，任秦王子婴为相，奇珍异宝享之不尽。』曹无伤想借此以求封赏。项羽大怒，令士兵饱餐一顿，准备次日进攻刘邦军。这时，项羽拥兵四十万，号称百万，驻扎于新丰县鸿门；刘邦拥兵十万，号称二十万，驻军霸上。

楚左尹项伯者，项羽季父也，素善张良，乃夜驰之沛公军，私见张良，具告以事，欲呼与俱去，曰：『毋俱死也！』张良曰：『臣为韩王送沛公；沛公今有急，亡去，不义，不可不语。』

良乃入，具告沛公。沛公大惊。良曰：『料公士卒足以当项羽乎？』沛公默然曰：『固不如也。且为之奈何？』张良曰：『请往谓项伯，言沛公之不敢

叛也。』沛公曰：『君安与项伯有故？』张良曰：『秦时与臣游，尝杀人，臣活之。今事有急，故幸来告良。』沛公曰：『孰与君少长？』良曰：『长于臣。』沛公曰：『君为我呼入，吾得兄事之。』张良出，固要项伯；项伯即入见沛公。沛公奉卮酒为寿，约为婚姻，曰：『吾入关，秋毫不敢有所近，籍吏民，封府库而待将军。所以遣将守关者，备他盗之出入与非常也。日夜望将军至，岂敢反乎！愿伯具言臣之不敢倍德也。』项伯许诺，谓沛公曰：『旦日不可不蚤自来谢。』沛公曰：『诺。』

于是项伯复夜去，至军中，具以沛公言报项羽；因言曰：『沛公不先破关中，公岂敢入乎！今人有大功而击之，不义也；不如因善遇之。』项羽许诺。

译文 楚国有一个左尹叫项伯，他是项羽的叔父，素来仰慕张良，于是星夜驰往刘邦军，私会张良，告诉他项羽要打刘邦的事实，打算让他和自己一起走。他说：『不要陪着刘邦去送死啊！』张良却说：『我当初为了韩王伴随沛公，而现在沛公有难，我岂能独自逃跑，我不能不告诉他。』

张良于是把事情转告刘邦，刘邦大惊。张良说：『您的兵力能对抗项羽吗？』刘邦沉默，说：『不能。那怎么办呢？』张良说：『不如让我对项伯说，告诉他您绝不背叛项羽。』刘邦说：『您和项伯是什么时候认识的？』张良说：『以前在秦，项伯就和我认识，他曾经杀人，我救了他。现在情况危急，幸亏他告诉了我。』刘邦说：『你们俩年纪谁大？』张良道：『他大。』刘邦说：『您去把他叫来，我要把他当兄长对待。』张良于是把项伯请去，刘邦手捧酒向项伯祝福，与他约定为亲家，说：『我进关中，什么东西都不敢沾边，只是登记户口，封锁仓库，等项将军来。我之所以把守函谷关，就是为了防止别人生出事端。我早就盼着项将军到来，哪敢造反呀！希望您能把我对你说的这些如实对将军禀报。』项伯答应了，对刘邦说：『你明天得早点来和项王亲自道歉。』刘邦说：『好。』

项伯于是当夜回营，对项羽说了刘邦的话，并说：『要不是刘邦先攻入关中，您怎么进来呀！现在刘邦立了大功要是再去打他，这岂不是不仁不义之为，我们要好好地对待他。』项羽于是同意了。

沛公旦日从百余骑来见项羽鸿门，谢曰：『臣与将军戮力而攻秦，将军战河北，臣战河南；不自意能先入关破秦，得复见将军于此。今者有小人之言，令将军与臣有隙。』项羽曰：『此沛公左司马曹无伤言之；不然，籍何以至此！』项羽因留沛公与饮。

范增数目项羽，举所佩玉玦以示之者三；项羽默然不应。范增起，出，召项庄，谓曰：『君王为人不忍。若入前为寿，寿毕，请以剑舞，因击沛公于坐，杀之。不者，若属皆且为所虏！』庄则入为寿，寿毕，曰：『军中无以为乐，请以剑舞。』项羽曰：『诺。』项庄拔剑起舞。项伯亦拔剑起舞，常以身翼蔽沛公，庄不得击。

于是张良至军门见樊哙。哙曰：『今日之事何如？』良曰：『今项庄拔剑舞，其意常在沛公也。』哙曰：『此迫矣，臣请入，与之同命！』哙即带剑拥盾入。军门卫士欲止不内，樊哙侧其盾以撞，卫士仆地。遂入，披帷①立，瞋②目视项羽，头发上指，目眦③尽裂。项羽按剑而跽④曰：『客何为者？』张良曰：『沛公之参乘樊哙也。』项羽曰：『壮士！赐之卮酒！』则与斗卮酒。哙拜谢，起，立而饮之。项羽曰：『赐之彘肩！』则与一生彘肩。樊哙覆其盾于地，加彘肩其上，拔剑切而啖之。项羽曰：『壮士复能饮乎？』樊哙曰：『臣死且不避，卮酒安足辞！夫秦有虎狼之心，杀人如不能举，刑人如恐不胜；天下皆叛之。怀王与诸将约曰：「先破秦入咸阳者，王之。」今沛公先破秦，入咸阳，毫毛不敢有所近，还军霸上以待将军。劳苦而功高如此，未有封爵之赏，而听细人之说，欲诛有功之人，此亡秦之续耳，窃为将军不取也！』项羽未有以应，曰：『坐！』樊哙从良坐。

注释 ①帷：围。②瞋：怒目。③眦：目际。④跽：长跪不起。

译文 第二天，刘邦带领一百名随从，来到鸿门见项羽，说：『当初我与将军您一起伐秦，您在黄河以北，我在黄河以南，我没想过自己能先入关，还在这与您相见。如今有人搬弄是非，让我们之间产生了隔阂。』项羽说：『这是您的左司马曹无伤散布的谣言，不然，我怎么会这样！』于是项羽便与刘邦一起饮酒。

席上，范增频频向项羽使眼色，并三次举起他的玉玦佩暗示杀刘邦，项羽却默无反应。范增于是起身找来项庄，说：『项王现在心慈手软，不如你上去给刘邦敬酒，完事便请求表演舞剑，我们借此机会刺杀刘邦。要不然，我们早晚要成他阶下囚。』项庄遵命前去为刘邦进酒，喝完后，项庄说：『营中无事做乐，不如舞剑助兴。』项羽说：『好！』项庄于是拔剑起舞。项伯看出其中门道，也

纵身而起，不时掩护着刘邦，使其无法行刺。

张良见状便去叫樊哙。樊哙问：『形势如何？』张良说：『项庄现在正在舞剑，用意是杀死沛公啊。』樊哙说：『时间紧迫，不如我进去保护沛公。』樊哙于是带剑闯入，军士想要阻止，樊哙一下便把卫士撞倒在地。他掀起帷帐站在门口，怒目而视项羽，眼角都好像在开裂。项羽提剑起身，问：『你是干什么的？』张良说：『这是沛公护卫樊哙。』项羽说：『真是壮士！给他一杯酒！』左右立刻送去一大碗酒。樊哙拜谢，起身一饮而尽。项羽说：『再赏他猪腿！』侍从便给他一只生猪腿。樊哙将盾牌扣在地上，放上猪腿，拔剑切着吃了。项羽说：『壮士，你还能再喝酒吗？』樊哙说：『我尚不怕死，还怕一杯酒？秦王心狠，杀人唯恐不尽，用刑唯恐不够，导致了这场叛乱。当初怀王曾相约各路诸侯：『先入关者为王。』如今沛公既得咸阳，却毫发未染，便返回霸上等待将军。像这样劳苦功高之人，您非但不赏封地，还要听信小人谗言，险些杀之。这是重蹈秦国之辙啊，我个人不赞同您这种做法。』项羽无话可说，只好道：『坐吧。』樊哙于是在张良身边坐下。

坐须臾，沛公起如厕，因招樊哙出。沛公曰：『今者出，未辞也，为之奈何？』樊哙曰：『如今人方为刀俎，我方为鱼肉，何辞为！』于是遂去。

鸿门去霸上四十里，沛公则置车骑，脱身独骑；樊哙、夏侯婴、靳强、纪信等四人持剑、盾步走，从骊山下道芷阳，间行趣霸上。留张良使谢项羽，以白璧献羽，玉斗与亚父。沛公谓良曰：『从此道至吾军，不过二十里耳。度我至军中，公乃入。』沛公已去，间至军中，张良入谢曰：『沛公不胜杯杓，不能辞，谨使臣良奉白璧一双，再拜献将军足下；玉斗一双，

再拜奉亚父足下。』项羽曰：『沛公安在？』良曰：『闻将军有意督过之，脱身独去，已至军矣。』项羽则受璧，置之坐上。亚父受玉斗，置之地，拔剑撞而破之，曰：『唉，竖子不足与谋！夺将军天下者，必沛公也，吾属今为之虏矣！』沛公至军，立诛杀曹无伤。

译文 过了一会儿，刘邦起身上厕所，趁机招呼樊哙。刘邦说：『我现在出来，没有告辞，怎么办？』樊哙说：『我们现在是人家砧板上的肉，还用得着告辞吗？』于是刘邦就走了。

鸿门离霸上四十里，刘邦撇下车马，独自骑马飞奔，樊哙、夏侯婴、靳强、纪信等四人手持剑盾紧随其后，过骊山取芷阳，抄近路奔回霸上。只留下张良向项羽致谢，把一块白玉献给项羽，又献玉杯给范增。刘邦临走前对张良说：『从这里到我们军营只有不到二十里。你估计我已经到达后，您再进去。』刘邦已走，抄小道回营，张良这才进去，谢罪道：『沛公不胜酒力，不能来告辞了，他派我送上两块白玉，以隆重之礼献给将军。大玉杯一对，献给范先生。』项羽说：『刘邦现在哪里？』张良说：『他听说您好像要责备他，便先去了，现在大约已到军中。』项羽接受下白玉放到座上。亚父范增接玉杯置于地，拔剑击碎，怒道：『我们不能和这小子谋事，不然早晚是他夺去天下大业，到时我们全要变成他的阶下囚！』刘邦回到军中，立刻杀了曹无伤。

韩信拜将

初，淮阴人韩信，家贫，无行①，不得推择为吏，又不能治生商贾②，常从人寄食饮，人多厌之。

信钓于城下，有漂③母见信饥，饭信。信喜，谓漂母曰：『吾必有以重报母。』母怒曰：『大丈夫不能自食，吾哀王孙而进食，岂望报乎！』

淮阴屠中少年有侮信者曰：『若虽长大，好带刀剑，中情怯耳。』因众辱之曰：『信能死，刺我；不能死，出我袴下！』于是信孰视之，俯出袴下，蒲伏。一市人皆笑信，以为怯。

注释 ①无行：没有善行可供称道。②商贾：商人。③漂：水花。

译文 当初，淮阴人韩信家境贫寒，品行不端，不能被推选去做官，又不会做生意营生，所以常在别人那蹭饭吃，时间久了人人都讨厌他。

韩信曾在城下钓鱼，有位洗衣服的老太太见他饿了，就给他口饭。韩信一高兴，跟老太太说：『我早晚重重报答您。』老太太怒道：『大丈夫自己都养活不了，我不过是可怜你，难道还企图你回报我？』

淮阴县有一个屠户侮辱韩信说：『你长得虽然那么高大，可心里胆小如鼠啊！』他还羞辱韩信说：『你韩信要真不怕死，就来杀了我。怕死的话，就从我裤裆底下钻过去！』于是韩信看了那人许久，便蹲下，从他裤裆底下钻了过去。市民们都笑话韩信，以为他懦弱。

及项梁渡淮，信杖剑从之；居麾下，无所知名。项梁败，又属项羽，羽以为郎中；数以策干羽，羽不用。（太祖高皇帝元年）汉王之入蜀，信亡楚归汉，未知名。为连敖，坐当斩；其辈十三人皆已斩，次至信，信乃仰视，适见滕公①，曰：『上不欲就天下乎，何为斩壮士？』滕公奇其言，壮其貌，释而不

资治通鉴

斩；与语，大悦之，言于王。王拜以为治粟都尉②，亦未之奇也。

注释 ①滕公：夏侯婴。②治粟都尉：秦官职，掌管谷物粮食。

译文 等到项梁渡过淮河北上，韩信便带剑投奔他；他在项梁手下，一直没有名声。项梁失败了，他又投奔项羽，项羽任他为郎中；韩信多次向项羽献计，项羽都不理睬。汉高帝元年（前二〇六年），汉王刘邦入蜀地，韩信便离楚归汉，仍旧不为所知，做一个待客的小官，后来犯了法被人拉去斩首，与他同案的人都已经死了，等到韩信时，他抬头望着夏侯婴说：『汉王难道不想取天下了？为什么诛杀壮士？』滕公觉得他出口不凡，又视其仪表堂堂，就释放了他并与其相谈，大喜，上报刘邦。刘邦于是给了韩信治粟都尉的官职，但也没觉得他有什么过人之处。

信数与萧何语，何奇之。汉王至南郑，诸将及士卒皆歌讴思东归，多道亡者。信度何等已数言王，王不我用，即亡去。何闻信亡，不及以闻，自追之。

人有言王曰：『丞相何亡。』王大怒，如失左右手。居一二日，何来谒王。王且怒且喜，骂何曰：『若亡，何也？』何曰：『臣不敢亡也，臣追亡者耳。』王曰：『若所追者谁？』何曰：『韩信也。』王复骂曰：『诸将亡者以十数，公无所追；追信，诈也！』何曰：『诸将易得耳；至如信者，国士①无双。王必欲长王汉中，无所事信；必欲争天下，非信无可与计事者。顾王策安所决耳！』王曰：『吾亦欲东耳，安能郁郁久居此乎！』何曰：『计必欲东，能用信，信即留；不能用信，终亡耳。』王曰：『吾为公以为将。』何曰：『虽为将，信不留。』王曰：『以为大将。』何曰：『幸甚！』于是王欲召信拜之。何曰：『王素慢无礼；今拜大将，如呼小儿，此乃信所以去也。王必欲拜之，择良日，斋戒，设坛场，具礼，乃可耳。』王许之。

诸将皆喜，人人各自以为得大将。至拜大将，乃韩信也，一军皆惊。

注释 ①国士：国之奇士。

译文 萧何和韩信有过几次交谈，萧何觉得韩信非同常人。于是，等汉王到达南郑时，士兵们都唱起返乡的歌，许多人途中就走掉了。韩信知道包括萧何在内许多人曾经向汉王举荐过他，可汉王始终不对他重用，于是也走掉了。萧何一听说韩信走了，没来得及向汉王禀

告，亲自就去追赶。

这时有人对汉王说：『丞相萧何逃跑了。』汉王大怒，如同失去左膀右臂一般。过了一两天，萧何来拜谒汉王。汉王又怒又喜，骂萧何道：『你为什么跑掉！』萧何说：『我不敢逃跑，我是去追逃跑的人了。』汉王说：『你去追谁？』萧何回答：『韩信。』汉王又骂：『我的将领跑了几十个你都不追，偏去追一个韩信，你让我怎么相信你？』萧何说：『那些将领都是很容易得到的，而像韩信这样的人，乃天下无双之英才。大王您的志向如果仅在汉中，那您自然不必重用韩信。您如果想争天下，那么除了韩信，没有再值得您依赖的助手了。这就是您要面临的选择。』汉王说：『我当然是要取天下，怎能长期徘徊在这里！』萧何说：『要是您真的志在天下，那一定要任用韩信，他也会选择留下来。如果您不重用他，那他早晚还要走掉。』汉王说：『那我就看在你的面子上封他为将军吧。』萧何说：『做将军韩信也不会留下来的。』汉王说：『那就任他做大将军吧。』萧何说：『太好了。』于是汉王准备召韩信授予其官职。萧何说：『大王您素来傲慢无礼，现在要叫人家做大将军，却同召唤小孩子一样，这才是韩信离开的原因。您要是真打算封他做大将军，那就择良辰吉日，进行斋戒，设置坛场，举行隆重典礼，这样才可以。』汉王于是答应了。

众将听说汉王要任命一员大将军，全都兴奋不已，人人都以为会是自己。等到任命大将军时，人们发现是韩信，全部惊讶不已。

点评 韩信在先未遇时曾乞食于漂母，受辱于胯下，人素轻贱他。只有萧何知道他是个豪杰，荐于高祖。一旦加之以殊礼，拜之为大将，故人以为惊讶。其后果能定三秦，举燕赵，破楚灭项，助成帝业。可见非常之功，非常人所能任；而非常之才，亦非常人所能知。韩信以一逃亡小卒，若不遇汉高英雄之主、萧何知人之相，则将终身困穷而已。夫欲图大事、建大功者，岂可以名誉资格求天下之豪杰也哉！（张居正）

信拜礼毕，上坐。王曰：『丞相数言将军，将军何以教寡人计策？』信辞谢，因问王曰：『今东乡争权天下，岂非项王耶？』汉王曰：『然。』曰：『大王自料，勇悍仁强孰与项王？』汉王默然良久，曰：『不如也。』信再拜贺曰：『惟信亦以为大王不如也。然臣尝事之，请言项王之为人也：项王喑噁叱咤①，千人皆废，然不能任属贤将；此特匹夫之勇耳。项王见人，恭敬慈爱，言语呕呕，人有疾病，涕泣分食饮；至使人，有功当封爵者，印刓敝②，忍不能予；此所谓妇人之仁也。项王虽霸天下而臣诸侯，不居关中而都彭城；背义帝之约，而以亲爱王诸侯，不平；逐其故主而王其将相；又迁逐义帝置江南，所过无不残灭；百姓不亲附，特劫于威强耳。名虽为霸，实失天下心，故其强易弱。今大王诚能反其道，任天下武勇，何所不诛；以天下城邑封功臣，何所不服；以义兵从思东归之士，何所不散！且三秦王③为秦将，将秦子弟数岁矣，所杀亡不可胜计；又欺其众，降诸侯，至新安，项王诈坑秦降卒二十余万，唯独邯、欣、翳得脱。秦父兄怨此三人，痛入骨髓。今楚强以威王此三人，秦民莫爱也。大王之入武关，秋毫无所害；除秦苛法，与秦民约法三章，秦民无不欲得大王王秦者。于诸侯之约，大王当王关中，关中民咸知之；大王失职入汉中，秦民无不恨者。今大王举而东，三秦可传檄而定也。』

于是汉王大喜，自以为得信晚，遂听信计，部署诸将所击；留萧何收巴、蜀租，给军粮食。

注释 ①喑噁：心怀怒气。叱咤：发怒之声。②敝：旧敝。③三秦王：章邯、司马欣、董翳三人。

译文 任命大将军的仪式结束以后，汉王就坐下说：『丞相屡次向我称赞您，您有什么计策指教我呢？』

韩信于是谦让一番，道：『您如今要向东而夺天下，您的对手不就是项羽么？』汉王说：『是啊。』韩信说：『大王您估量一下，您的勇猛、仁慈、刚断，哪里比项羽强？』汉王沉默许久，说：『我都比不上他。』韩信对他拜了两拜，赞许说：『我也觉得您比不上他。我曾经在他手下做过事，那就让我向您谈谈项王吧。他怒喝一声，底下的上千人都一动也不敢动，他只有匹夫之勇，却不知如何使用手下的将领。项羽的为

人，恭敬慈爱，言语温和，有人生病，他会因怜悯而流泪，并把他的食物分给病人；但当他的手下如有人立功该要封侯时，他却把刻好的印章拿在手上玩捏得棱角都要掉了还舍不得给人家。我想这就是我们常说的妇人之仁了。项羽虽然有称霸天下令诸侯臣服的本事，但却不占关中而在彭城建都，他背弃怀王的约定，把自己的亲信都封了王，却还驱赶以前的诸侯王，而让其将相称王。他把义帝迁至江南，他的军队所过之处无不烧杀抢掠，老百姓都不愿依附于他，只是迫于其淫威罢了。这样的人名义上虽称为霸主，实际上早已失去民心，所以他现在的强盛早晚将转为衰弱。如果现在大王您能和项羽采用相反的政策，任用天下贤德，那么您还有什么对手不可以诛灭掉。现在，您要把天下城邑分封给有功之臣，将士们都将对您心悦而诚服；您用您的正义之师去惦念东归故乡的将士们的心意，那还有什么敌人打不败的。况且，秦地的三个将领都是秦国旧部，他们带兵率领秦国子弟兵征战数年，被项羽杀死逃亡者不计其数，后来又骗他们自己投靠了诸侯军，在新安时被项羽骗去坑杀秦国降兵二十多万，只有章邯、司马欣、董翳得以脱身。因此，秦地的父老兄弟都怨恨他们三人，恨到骨髓里。如今项羽倚仗威势，强行封他们三人为王，秦地百姓没有人爱戴他们。大王进武关，对当地百姓秋毫不犯，又废掉前秦的酷刑，与百姓约法三章，老百姓没有不希望您做关中之王的。而按早先诸侯之间约定，大王本来就是关中之王，连百姓们都知道。现在您失掉了王位而到汉中，秦地百姓对此没有不怨忿的。现在如果您起兵东进，三秦之地只发一张征讨檄文便可平定。』

汉王大喜，意识到早该重用韩信，于是听从他的建议，部署下一步攻击的目标，留下萧何收取巴蜀二郡的税收，为军队供给钱粮。

垓下之战

（太祖高皇帝四年八月）项羽自知少助；食尽，韩信又进兵击楚，羽患之。汉遣侯公说羽请太公。羽乃与汉约，中分天下，割洪沟以西为汉，以东为楚。九月，楚归太公、吕后，引兵解而东归。汉王欲西归，张良、陈平说曰：『汉有天下太半①，而诸侯皆附；楚兵疲食尽，此天亡之时也。今释弗击，此所谓「养虎自遗患」也。』汉王从之。

（太祖高皇帝）五年，冬，十月，汉王追项羽至固陵，与齐王信、魏相国越期会击楚；信、越不至，楚击汉军，大破之。汉王复坚壁自守，谓张良曰：『诸侯不从，奈何？』对曰：『楚兵且破，二人未有分地，其不至固宜；君王能与共天下，可立致也。齐王信之立，非君王意，信亦不自坚；彭越本定梁地，始，君王以魏豹故拜越为相国；今豹死，越亦望王，而君王不早定。今能取睢阳以北至谷城皆以王彭越，从陈以东傅海与齐王信。信家在楚，其意欲复得故邑。能出捐此地以许两人，使各自为战，则楚易破也。』汉王从之。于是韩信、彭越皆引兵来。

十一月，刘贾南渡淮，围寿春，遣人诱楚大司马周殷。殷畔楚，以舒屠六，举九江②兵迎黥布，并行屠城父，随刘贾皆会。

十二月，项王至垓下，兵少，食尽，与汉战不胜，入壁；汉军及诸侯兵围之数重。项王夜闻汉军四面皆楚歌③，乃大惊曰：『汉皆已得楚乎？是何楚人之多也！』则夜起，饮帐中，悲歌慷慨，泣数行下；左右皆泣，莫能仰视。于是项王乘其骏马名骓④，麾下壮士骑从者八百余人，直夜，溃围南出驰走。平明，汉军乃觉之，令骑将灌婴以五千骑追之。项王渡淮，骑能属者才百余人。至阴陵，迷失道，问一田父，田父绐曰『左』。左，乃陷大泽中，以故汉追及之。

注释 ①太半：三分之二。②九江：寿州。③楚歌：鸡鸣之歌，楚人之歌。④骓：苍白杂毛的马。

译文 汉高帝四年（前二〇三年）八月，项羽知道自己缺少援助，粮食也快要吃完，此时，韩信又加紧攻打楚军，项羽十分忧虑。这时，汉王派侯公来劝项羽，请求他放汉王父亲回去。项羽便释放了汉王父亲，与汉王约定道：二人平分天下，以鸿沟为界，鸿沟以西为汉王，鸿沟以东为楚王。九月，太公、吕后回到汉地，项羽便领兵东归。汉王也想西回，张良、陈平对他说：『您如

今已得半个天下，各路诸侯也争相追随。楚军兵尽粮绝，此乃天赐大好时机啊。如果此时放走楚霸王，真乃养虎为患！』汉王于是听从他们的建议。

汉高帝五年（公元前二〇二年），冬季，十月，汉王追击项羽到达固陵，与齐王韩信、魏相国彭越订好日期合攻项羽。但是两方军队并未如约而至，楚军攻打汉军，于是大胜。汉王只好固守营寨，等待时机，他问张良：『诸侯不服从我，怎么办？』张良说：『楚军眼看就要败了，而韩信彭越却没有相应的封地，不按约前来也在情理之中，君王要是打算与他们共享天下，那就立刻召他们前来。韩信的王位，原本不是您本意，他自己也未必放心。彭越本来平定梁地，当初因为魏豹是魏王，所以彭越只能做相。现在魏豹已死，彭越也想称王，但您一直没有做这个决定。现在，您倒是可以把睢阳以北到谷城的疆土赏给彭越，把陈县以东到沿海地方送给韩信。韩信家乡在楚地，他大概也想重回故里。您要是能把这两个地方封给他俩，那他们必定会来为您卖命，楚国必败无疑。』汉王听从张良的建议。韩信、彭越果真率军前来。

十一月，刘贾南渡淮河围攻寿春，派使者诱降楚国大司马周殷。周殷即反楚国，以舒地之兵攻克六地，又调拨九江之师迎接黥布，一起屠掳城父，然后与刘贾等人会合。

十二月，项羽到达垓下，兵尽粮绝，又与汉军交战没能获胜，于是退营固守。这时汉军与诸侯各路人马已将项羽军营团团围住。夜里，项羽听见四地皆楚声，大惊：『汉军已经得到全部楚地啦？为什么楚人这么多？』他于是起身，在帐中饮酒，慨叹之时泪如雨下，随从将士也跟着哭起来，不忍睹视。项羽于是翻身上马，带领部下八百余人，打算夜里突围。天亮之时，才被汉军发觉，于是灌婴便率五千骑兵追赶。待到项羽过

资治通鉴

淮河时，所剩人马只有一百余人。到达阴陵，项羽等人迷路，向一农夫问路，农夫骗他说：向左。遂陷于沼泽，于是很快，汉军人马便赶到了。

项王乃复引兵而东，至东城①，乃有二十八骑；汉骑追者数千人。项王自度不得脱，谓其骑曰：『吾起兵至今，八岁矣；身七十余战，未尝败北，遂霸有天下。然今卒困于此，此天之亡我，非战之罪也！今日固决死，愿为诸君快战，必溃围，斩将，刈旗，三胜之，令诸君知天亡我，非战之罪也！』乃分其骑以为四队，四向。汉军围之数重。项王谓其骑曰：『吾为公取彼一将。』令四面骑驰下，期山东为三处。

于是项王大呼驰下，汉军皆披靡②，遂斩汉一将。是时，郎中骑杨喜追项王，项王瞋目而叱之，喜人马俱惊，辟易③数里。项王与其骑会为三处，汉军不知项王所在，乃分军为三，复围之。项王乃驰，复斩汉一都尉，杀数十百人；复聚其骑，亡其两骑耳。乃谓其骑曰：『何如？』骑皆伏曰：『如大王言！』

注释 ①东城：属九江郡。②靡：顺风倒伏。③辟易：退避（多指受惊下后控制不住而离开原地）；惊退。

译文 项羽于是又领兵东突，到达东城时，随从人马已仅剩二十八骑。这时，汉军来了好几千人，项羽自知无法逃脱，便对众部下说：『吾起兵至今，已有八年，身经七十余场战役，从没有败过，才有了今日天下。但今天，我终于困在这里，这是天要亡我。今日生死一战，我愿与你们痛痛快快杀一场，让你们知道这并非我用兵的错误。』说完便将人马分为四路杀出，但汉军重重包围实在太多，项羽便说：『看我为你们斩杀一员敌将！』说罢命令骑兵杀出后于东边分三处会合。

项羽大喝策马而驰，斩杀一员汉将，汉军随即溃散。这时，郎中骑杨喜追杀项羽，项羽怒目圆睁，大喝一声，杨喜人马俱惊，后退好几里。项羽和他的另外三路士兵会合，汉军不知他究竟在哪，于是也分兵三路将其包围，项羽再次冲杀，又斩杀一名都尉、百余名汉军。他重新聚拢骑兵，看到方才仅折损两骑，便道：『如何？』骑兵都敬畏道：『大王所言极是！』

于是项王欲东渡乌江，乌江亭长舣①船待，谓项王曰：『江东虽小，地方千里，众数十万人，亦足王也。愿大王急渡！今独臣有船，汉军至，无以渡。』项王笑曰：『天之亡我，我何渡为！且籍与江东子弟八千人渡江而西，今无一人还；纵江东父兄怜而王

我，我何面目见之！纵彼不言，籍独不愧于心乎！』乃以所乘骓马赐亭长，令骑皆下马步行，持短兵接战。独籍所杀汉军数百人，身亦被十余创。顾见汉骑司马吕马童，曰：『若非吾故人乎？』马童面②之，指示中郎骑王翳曰：『此项王也。』项王乃曰：『吾闻汉购我头千金③，邑万户；吾为若德。』乃自刎而死。

王翳取其头；余骑相蹂践争项王，相杀者数十人；最其后，杨喜、吕马童及郎中吕胜、杨武各得其一体；五人共会其体，皆是，故分其户，封五人皆为列侯。

注释 ①舣：附、着岸。②面：背。③千金：汉以一斤金为一金，当一万钱。

译文 项羽就要东渡乌江，乌江亭长把船停在岸边等待他，他对项王说：『江东虽小，却方圆千里，有民众十几万人，足可东山再起，将军您快上船啊。这是此地唯一船只，汉军无法渡河！』

项羽笑道：『天要亡我，渡江又有何用？当年我率江东子弟八千人渡江而西征，而今只有我一人归还，我还有什么颜面面对江东父老！我内心感到愧疚啊！』他说完便将坐骑送给亭长，命骑兵下马步行，手持短剑与汉军交战。项羽一人杀死汉军数百，他身负重伤。这时，他又看到汉军骑司马吕马童，便说：『这不是我的老朋友吗？』吕马童背过脸，指给中郎骑王翳道：『这便是项王！』项羽道：『我闻汉王悬赏千金要我人头，并赐万户封地，我就送你这点人情吧！』说罢自刎而死。

王翳随即割下项羽人头；其余骑兵相互争抢项羽尸体，残杀中便死伤几十人。最后，杨喜、吕马童、郎中吕胜、杨武各取得项羽一部分肢体。五人将项羽尸体对接上，献给汉王，汉王于是分割原先的悬赏，把五人封为列侯。

灭新复汉

（更始元年八月）王莽使太师王匡、国将哀章守洛阳。更始遣定国上公王匡攻洛阳，西屏大将军申屠建、丞相司直李松攻武关，三辅震动。析人邓晔、于匡起兵南乡以应汉，攻武关都尉朱萌，萌降；进攻右队大夫宋纲，杀之；西拔湖。

莽拜将军九人，皆以虎为号，将北军精兵数万人以东，内其妻子宫中以为质。时省中黄金尚六十余万斤，他财物称是，莽愈爱之，赐九虎士人四千钱；众重怨，无斗意。九虎至华阴回溪，距隘自守。于匡、邓晔击之，六虎败走；二虎诣阙归死，莽使使责死者安在，皆自杀；其四虎亡。三虎收散卒保渭口京师仓。

邓晔开武关迎汉兵。李松将三千余人至湖，与晔等共攻京师仓，未下。晔以弘农掾王宪为校尉，将数百人北渡渭，入左冯翊界。李松遣偏将军韩臣等径西至新丰击莽波水将军，追奔至长门宫。王宪北至频阳，所过迎降。诸县大姓各起兵称汉将军，率众随宪。李松、邓晔引军至华阴，而长安旁兵四会城下；又闻天水隗氏方到，皆争欲入城，贪立大功、卤掠之利。莽赦城中囚徒，皆授兵，杀豨，饮其血，与誓曰：『有不为新室者，社鬼记之！』使更始将军史谌将之。渡渭桥，皆散走；谌空还。众兵发掘莽妻、子、父、祖冢，烧其棺椁及九庙、明堂、辟雍，火照城中。

译文 淮阳王更始元年（二十三年）八月，王莽命太师王匡、国将哀章守卫洛阳。更始皇帝派遣定国上公王匡攻打洛阳，西屏大将军申屠建、丞相司直李松攻打武关，三辅地区为之震动。析县人邓晔和于匡在南乡起兵响应汉军，攻打武关都尉朱萌，朱萌降；攻右队大夫宋纲，杀宋纲；向西挺进，攻下湖县。

王莽命将军九人，以『虎』为名，率禁卫军精锐数万人挺进东方，将他们妻子扣在宫中为人质。此时黄金六十余万，珠宝也是这个数目，王莽舍弃不下，对九虎将仅赏四千钱。大家怨恨懈怠。九虎将至华阴县回溪，扼守要塞。于匡、邓晔率军攻击，六位虎将战败而逃，两名虎将回朝请罪。王莽责问其他人身在何处，于是二人自尽，其他四位虎将逃亡。还有三位虎将收集散兵，保卫渭口京师仓。

邓晔打开武关关门迎接汉军。李松率三千人抵达湖县，和邓晔会合，共攻京师仓，未下。邓晔任弘农掾王宪为校尉，率领数百人北渡渭河，入左冯翊境内。李松遣偏

将军韩臣，一路向西攻至新丰，进攻王莽波水将军窦融。窦融败退，韩臣追杀，直抵长门宫。王宪部队推进至频阳，沿途各地官员纳降。各县大族纷纷起兵，自称汉将，追随王宪。李松、邓晔率军抵达华阴时，长安附近部队已于四方汇集城下。大家听说天水隗家军也将至此，争先恐后要率先入城，立大功争珠宝。王莽于是释放狱中死囚，发予武器杀猪饮血立誓曰：『不为新朝效力者会被鬼缠身永无宁日。』还让更始将军史谌率领他们。这些人渡过渭桥，便四散逃离，只剩史谌一人归。各路士兵挖掘王莽妻、子、父祖之坟，焚烧棺材以及祖庙，火光映城。

（更始元年）九月，戊申朔，兵从宣平城门入。张邯逢兵见杀；王邑、王林、王巡、萛恽等分将兵距击北阙下，会日暮，官府、邸第尽奔亡。己酉，城中少年朱弟、张鱼等恐见卤掠，趋欢并和①，烧作室门②，斧敬法闼③，呼曰：『反虏王莽，何不出降！』火及掖庭、承明，黄皇室主所居。黄皇室主曰：『何面目以见汉家！』自投火中而死。

莽避火宣室前殿，火辄随之。莽绀④袀服，持虞帝匕首；天文郎按式⑤于前，莽旋席随斗柄而坐，曰：『天生德于予，汉兵其如予何！』庚戌，且明，群臣扶掖莽自前殿之渐台，公卿从官尚千余人随之。王邑昼夜战，罢极，士死伤略尽，驰入宫，间关⑥至渐台，见其子侍中睦解衣冠欲逃，邑叱之，令还，父子共守莽。军人入殿中，闻莽在渐台，众共围之数百重。台上犹与相射，矢尽，短兵接；王邑父子、萛恽、王巡战死，莽入室。下铺时，众兵上台，苗䜣、唐尊、王盛等皆死。商人杜吴杀莽，校尉东海公宾就斩莽首；军人分莽身，节解脔分，争相杀者数十人；公宾就持莽首诣王宪。宪自称汉大将军，城中兵数十万皆属焉；舍东宫，妻莽后宫，乘其车服。癸丑，李松、邓晔入长安，将军赵萌、申屠建亦至；以王宪得玺绶不上，多挟宫女，建天子鼓旗，收斩之。传莽首诣宛，悬于市；百姓共提击之，或切食其舌。

定国上公王匡拔洛阳，生缚莽太师王匡、哀章，皆斩之。冬，十月，奋威大将军刘信击杀刘望于汝南，并诛严尤、陈茂，郡县皆降。

注释 ①趋欢并和：众群行欢而自相和也。②作室门：工徒出入之门。③闼：小门。④绀：深青而扬赤色。⑤式：占测时日。⑥间关：崎岖、辗转。

译文 淮阳王更始元年（二十三年）九月，戊申朔（初一），攻城军队从宣平门入城。张邯遇到反莽士兵，被诛杀。王邑、王林、王巡和萛恽等人分命部队在北阙抗击，恰值天黑，官府与豪门大宅之户皆逃。己酉（初二），城中青年朱弟与张鱼怕遭抢劫，奔走喧哗，聚众烧毁未央宫便门，斧劈敬法殿小门，喊道：『反贼王莽，还不出来受降？』大火蔓延至掖庭、承明殿，这里是黄皇室主（王莽之女，汉平帝皇后）居住之处。黄皇室主说：『我还有何脸面见汉室之人？』遂入火而死。

王莽避火至未央前殿，火随其身后。王莽全身天蓝色服饰，手持虞帝匕首。天文郎在前面按着占测时日的式，王莽转动坐席随着斗柄所指的方向说道：『上天赐予我如此德行，汉军又能奈我何？』庚戌（初三），天亮时，群臣搀扶王莽，由前殿去渐台，公卿随从官吏还有一千多人跟随他。王邑白天黑夜都在战斗，疲乏至极，士兵伤亡殆尽，于是他飞马入宫，来到渐台，看见儿子侍中王睦脱下衣帽想要逃走，王邑把他叫住，命其回去。父子一同守卫王莽。兵士入殿，闻王莽在渐台，于是将其包围数百重。台上仍用弓箭与包围士兵对射，直至矢尽，便短兵相接。王邑父子、萛恽、王巡力战而死，王莽躲进内室。下午申时（三点至五点），大批士兵来到渐台，苗䜣、唐尊、王盛等已死于台上。商县人杜吴杀死王莽，校尉东海人公宾就砍下王莽头颅。众兵分割王莽尸体，争抢中自相残杀几十人。公宾就持王莽头颅于王宪处。王宪自称大将军，城内几十万军士均归于他。王宪住在长乐宫，霸占王莽妻妾，便使用其车马衣物。癸丑（初六），李松、邓晔进入长安，将军赵萌，申屠建赶到。因王宪私藏玉玺和宫女，使用天子仪仗将其杀死。携王莽头前往宛城，挂于街市示众，百姓前去击打，有人把其舌头割下来吃了。

定国上公王匡攻占洛阳，生擒新莽太师王匡、国将哀章，将其处死。冬季，十月，奋威大将军刘信在汝南击杀刘望，并诛严尤、陈茂，所属郡县全部降服。

点评 自古乱臣贼子受祸之惨，未有如王莽者。盖汉家德泽尚在人心，王莽乃乘其孤寡，逞其奸诈，一旦夺而有之，是以人心共愤，义兵四合，不旋踵而遭屠戮之祸，此可以为万世篡贼者之戒矣。（张居正）

更始欲令亲近大将徇河北，大司徒赐言：『诸家子①独有文叔可用。』朱鲔等以为不可，更始狐疑，赐深劝之；更始乃以刘秀行大司马事，持节北渡河，镇慰州郡。以大司徒赐为丞相，令先入关修宗庙、宫室。大司马秀至河北，所过郡县，考察官吏，黜陟能否，平遣囚徒，除王莽苛政，复汉官名；吏民喜悦，

资治通鉴

争持牛酒迎劳，秀皆不受。

南阳邓禹杖策追秀，及于邺。秀曰：『我得专封拜，生远来，宁欲仕乎？』禹曰：『不愿也。』秀曰：『即如是，何欲为？』禹曰：『但愿明公威德加于四海，禹得效其尺寸，垂功名于竹帛耳！』秀笑，因留宿间②语；禹进说曰：『今山东未安，赤眉、青犊之属动以万数。更始既是常才而不自听断，诸将皆庸人屈起，志在财币，争用威力，朝夕自快而已，非有忠良明智、深虑远图，欲尊主安民者也。历观往古圣人之兴，二科而已，天时与人事也。今以天时观之，更始既立而灾变方兴；以人事观之，帝王大业非凡夫所任，分崩离析，形势可见。明公虽建藩辅之功，犹恐无所成立也。况明公素有盛德大功，为天下所向服，军政齐肃，赏罚明信。为今之计，莫如延揽英雄，务悦民心，立高祖之业，救万民之命，以公而虑，天下不足定也！』秀大悦，因令禹宿止于中，与定计议；每任使诸将，多访于禹，皆当其才。

秀自兄縯之死，每独居辄不御③酒肉，枕席有涕泣处，主簿冯异独叩头宽④譬；秀止之曰：『卿勿妄言！』异因进说曰：『更始政乱，百姓无所依戴。夫人久饥渴，易为充饱。今公专命方面，宜分遣官属徇行郡县，宣布惠泽。』秀纳之。

（更始二年正月）申屠建、李松自长安迎更始迁都；二月，更始发洛阳。初，三辅豪杰假号⑤诛莽者，人人皆望封侯；申屠建既斩王宪，又扬言『三辅儿大黠，共杀其主』。吏民惶恐，属县屯聚；建等不能下。更始至长安，乃下诏大赦，非王莽子，他皆除其罪，于是三辅悉平。

注释 ①诸家子：南阳诸宗子。②间：私。③御：进。④宽：释。⑤假号：假汉将军名号。

译文 更始帝刘玄打算派亲信大将巡行河北，大司徒刘赐说：『南阳刘姓宗族里，只有刘秀可以胜任。』朱鲔等认为不可，更始帝疑惑，刘赐规劝，更始帝任刘秀代理大司马，持节北渡黄河，镇抚慰问各州郡。更始帝封大司徒刘赐为丞相，命其先入函谷关，建造宗庙、宫室。大司马刘秀到达黄河以北，所经郡县考察官吏政绩，根据能力大小任用或罢免，公平审理典狱，废除王莽时期残酷苛政，恢复汉时官名。官民喜悦，争相以美酒款待刘秀，刘秀一概不受。

南阳人邓禹骑马追赶刘秀，一直追到邺城，刘秀说：『我有权封官，先生这么远来，是想当官？』邓禹说：『不是。』刘秀说：『既然如此，那你来干什么？』邓禹说：『我知道您的威望传遍四海，我只想效命于你，将来青史留名。』刘秀笑起来，于是留邓禹住下，私下交谈。邓禹说：『如今，崤山以东未定，赤眉青犊人马都数以万计。更始帝本是凡人，不能亲理国事，将领也几近平庸，为的全都是升官发财，贪图享乐罢了。这种人只适合做奴才。但凡古代圣贤君主兴旺，都有两个先决条件，天时人和也。现在看来，更始帝即位，天灾却兴；从人事看来，帝王大业，不是平凡人所能担任，土崩瓦解之势已露出端倪。您虽有辅佐之功，却也无甚功绩，况且您一向以德服人，天下百姓都尊敬您，您带兵从政，都赏罚分明，以诚信示天下。当下您应当招揽英雄，取悦民心，创高祖当年的功绩，救万民于水火之中。如此，天下不难统一。』刘秀大喜，命邓禹在营中下榻，与他从长计议。此后，刘秀每次任命或派遣将领，都要征求邓禹意见，被任命的人也都很称职。

自从刘秀的哥哥刘縯被更始帝杀害后，他便不思酒食，每天以泪洗面。主簿冯异叩头安慰他。刘秀劝阻道：『你不要乱讲！』冯异趁机说：『如今更始帝政治混乱，百姓无所依附。一个人饥渴太久，容易令其饱食。现如今您不必只控制您自己这片土地，还应当分派各地官吏，宣扬您的恩德，以拢天下人心。』刘秀采纳了他的意见。

淮阳王更始二年（公元二十四年）正月，申屠建、李松从长安来迎更始帝迁都。二月，更始帝从洛阳出发。当初，三辅英雄皆以汉将之名杀王莽，人人盼望封侯。申屠建杀王宪后，又宣称『三辅男子凶狠狡猾，要杀其首领』。官民一片惊慌，三辅各县聚兵自保。申屠建无法攻下。更始帝到长安，大赦天下，除王莽后代外，其余者免罪，三辅遂安定。

更始纳赵萌女为夫人，故委政于萌，日夜饮宴后庭。诸将在外者皆专行诛赏，各置牧守；州郡交错，不知所从。由是关中离心，四海怨叛。

更始遣使立秀为萧王，悉令罢兵，与诸将有功者诣行在所①；遣苗曾为幽州牧，韦顺为上谷太守，蔡充为渔阳太守，并北之部。

萧王居邯郸宫，昼卧温明殿；耿弇入，造床下请间，因说曰：『吏士死伤者多，请归上谷益兵。』萧王曰：『王郎已破，河北略平，复用兵何为？』弇曰：『王郎虽破，天下兵革乃始耳。今使者从西方来，欲罢兵，不可听也。铜马、赤眉之属数十辈，辈数十百万人，所向无前，圣公不能办②也，败必不

久。』萧王起坐曰：『卿失言，我斩卿！』弇曰：『大王哀厚弇如父子，故敢披赤心。』萧王曰：『我戏卿耳，何以言之？』弇曰：『百姓患苦王莽，复思刘氏，闻汉兵起，莫不欢喜，如去虎口得归慈母。今更始为天子，而诸将擅命于山东，贵戚纵横于都内，虏掠自恣，元元叩心，更思莽朝，是以知其必败也。公功名已著，以义征伐，天下可传檄而定也。天下至重，公可自取，毋令他姓得之！』萧王乃辞以河北未平，不就征，始贰③于更始。

是时，诸贼铜马、大彤、高湖、重连、铁胫、大枪、尤来、上江、青犊、五校、五幡、五楼、富平、获索等各领部曲，众合数百万人，所在寇掠。萧王欲击之，乃拜吴汉、耿弇俱为大将军，持节北发幽州十郡突骑；苗曾闻之，阴敕诸郡不得应调。吴汉将二十骑先驰至无终，曾出迎于路，汉即收曾，斩之。耿弇到上谷，亦收韦顺、蔡充，斩之。北州震骇，于是悉发其兵。

赤眉樊崇等将兵入颍川，分其众为二部，崇与逢安为一部，徐宣、谢禄、杨音为一部。赤眉虽数战胜，而疲敝厌兵，皆日夜愁泣，思欲东归；崇等计议，虑众东向必散，不如西攻长安。于是崇、安自武关，宣等从陆浑关，两道俱入。更始使王匡、成丹与抗威将军刘均等分据河东、弘农以拒之。

行至部，召冯异，问四方动静。异曰：『更始必败，宗庙之忧在于大王，宜从众议！』会儒生强华自关中奉《赤伏符》来诣王曰：『刘秀发兵捕不道，四夷云集龙斗野，四七之际火为主④。』群臣因复奏请。（建武元年）六月，己未，王即皇帝位于鄗南；改元，大赦。

注释 ①行在所：天子所居。②办：成。③贰：离异。④四七之际火为主：四七，二十八也。自高祖至光武初起，合二百二十八年，即四七之际也。汉为火德，故言火为主也。

译文 更始帝娶赵萌之女为夫人，朝中政事皆授予赵萌，日夜骄欢。将领在外自行赏罚，各设官吏，各州郡交错，不知其首。关中之地日渐离心，海内怨愤四起。

更始帝封刘秀为萧王，令所有部队休兵，命刘秀与有功将领同去长安。派苗曾任幽州牧，韦顺任上谷太守，蔡充任渔阳太守，同时到北方上任。

刘秀居于邯郸赵王宫，白天在温明殿睡觉，耿弇闯入，至床前要求私下谈话。他说：『官兵伤亡过多，请准许我回去补充兵员。』刘秀说：『王莽已灭，黄河已定，用兵作甚？』耿弇说：『王莽虽死，可天下战端刚刚开始。现在，朝廷使节前来，令我等罢兵，我等不能从。铜马、赤眉每支部队都有十几万甚至一百万。更始帝无法应付，早晚必败。』刘秀从床上坐起来说：『你说了不该说的话，我要杀了你！』耿弇说：『大王爱我好比父子，如今我才敢以诚相待。』刘秀笑曰：『我不过和你开玩笑，说说你的想法。』耿弇说：『天下百姓苦于王莽许久，才思念刘氏天下。可现如今更始帝为皇，将领在山东不受节制，皇亲国戚胡作非为，抢劫掠夺，百姓无不捶胸懊恼，转而思念王莽新朝。所以，我才说更始帝必败。您的丰绩德行名扬四海，若是为正义代天下人诛杀伪君，仅仅靠着文书就能安定。何必让外族人窃取。』刘秀于是以河北未定为理由，没有接诏，背叛更始帝。

当时，各路盗贼各率部卒共百万人在当地掠夺。刘秀计划剿盗，便任命吴汉、耿弇同为大将军，持节征调幽州十郡骑兵。幽州牧苗曾得知这个消息，暗中吩咐各郡不服从征调。吴汉率二十余骑兵先行到达幽州无终，苗曾出城在路上迎接吴汉，吴汉马上逮捕苗曾，将其斩杀。耿弇到上谷，逮捕韦顺、蔡充，斩杀。北方州郡震惊，全部发兵以供调遣。

赤眉首领樊崇率军进入颍川，把部众分为两队：樊崇、逢安领一队，徐宣、谢禄、杨音率领一队。赤眉军虽不断取胜，却是强弩之末，所部士兵日夜哭泣，望早日归乡。樊崇等商议，担心部众回到东方必定四散，便领军西攻长安。于是，樊崇、逢安从武关，徐宣等从陆浑关，分两路进兵长安。更始帝命王匡、成丹和抗威将军刘均分别驻守河东、弘农，堵截赤眉军。

刘秀军队到鄗县，召见冯异了解军情。冯异说：『更始必败，侍奉刘汉宗庙的大任就在您身上了，您应当听从大家的建议！』这时，恰好儒生强华从关中拿着《赤伏符》晋见刘秀，符上说：『刘秀发兵捕不道，四夷云集龙斗野，四七之际火为主。』（意为汉室当立）群臣因此再次请奏。汉光武帝建武元年（二十五年）六月，己未（二十二日），刘秀在鄗县之南即皇位，改年号，大赦天下。

点评 大抵天下大器，非庸才所能堪，而人心已离，天命必去，不待成败之既形，而智者能预见之矣。观王莽已篡而诛，更始已立而败，其故皆由于失人心。而光武之德，为人心所归，卒能兴复汉业。孟子说：『得天下有道，得其民也；得其民有道，得其心也。』岂不信哉！（张居正）

黄巾起义

巨鹿张角奉事黄、老，以妖术教授，号『太平道』。咒符水以疗病，令病者跪拜首过，或时病愈，众共神而信之。角分遣弟子周行四方，转相诳诱，十余年间，徒众数十万，自青、徐、幽、冀、荆、扬、兖、豫八州之人，莫不毕应。或弃卖财产，流移奔赴，填塞道路，未至病死者亦以万数。郡县不解其意，反言角以善道教化，为民所归。

（光和六年）司徒掾刘陶复上疏申赐前议，言：『角等阴谋益甚，四方私言，云角等窃入京师，觇视朝政。鸟声兽心，私共鸣呼；州郡忌讳，不欲闻之，但更相告语，莫肯公文。宜下明诏，重募角等，赏以国土，有敢回避，与之同罪。』帝殊不为意，方诏陶次第《春秋条例》。

角遂置三十六方；方，犹将军也，大方万余人，小方六七千，各立渠帅；讹言『苍天已死，黄天当立，岁在甲子，天下大吉。』以白土书京城寺门及州郡官府，皆作『甲子』字。大方马元义等先收荆、扬数万人，期会发于邺。元义数往来京师，以中常侍封谞、徐奉等为内应，约以三月五日内外俱起。

中平元年，春，角弟子济南唐周上书告之。于是收马元义，车裂于洛阳。诏三公、司隶按验宫省直卫及百姓有事角道者，诛杀千余人；下冀州逐捕角等。角等知事已露，晨夜驰敕诸方，一时俱起，皆著黄巾以为标帜，故时人谓之『黄巾贼』。二月，角自称天公将军，角弟宝称地公将军，宝弟梁称人公将军，所在燔烧官府，劫略聚邑，州郡失据，长吏多逃亡；旬月之间，天下响应，京师震动。安平、甘陵人各执其王应贼。

三月，戊申，以河南尹何进为大将军，封慎侯，率左右羽林、五营营士屯都亭，修理器械，以镇京师；置函谷、太谷、广成、伊阙、轘辕、旋门、孟津、小平津八关都尉。

译文 巨鹿人张角信奉黄帝、老子，以妖术网罗门生，号『太平道』也。曾用咒语替人治病，命病者跪地，陈述罪过，然后服圣水，之后病者竟然痊愈。于是被奉为神明。张角派弟子行走四方，诓骗世人，十年间信徒竟至数十万，遍布青徐幽冀荆扬兖豫八大州。有人变卖家产，投靠张角，路途中堵塞道路，不能到达之死者数万。郡县官员不解其意，反说张角教民向善，百姓拥戴。

汉灵帝光和六年（一八三年），司徒掾刘陶再次上书陈前司徒杨赐建议：『张角等人密谋起义，四方传言曰，张角已偷入京城查探朝廷动向。其暗党于各地遥相辉映。州郡官员担心如实上报会被朝廷处分，只私下里相互通信。因此，建议陛下发诏悬赏捉拿张角，封侯以赏赐。胆小回避者，与角同罪。』灵帝对此事并不在意，下诏令刘陶整理《春秋条例》。

张角设置三十六方。方，等同于将军。大方统领万人，小方统率六七千人，各立首领。他宣称：『苍天已死，黄天当立，岁在甲子，天下大吉。』并用白土在京城及各官署州、郡府衙大门书写『甲子』二字。他们计划先由大方马元义集结荆、扬党羽万人会合在邺起兵。马元义曾多次光顾洛阳，以中常侍封谞、徐奉等为内应，定于次年的三月五日，京城内外共起事。

汉灵帝中平元年（公元一八四年），春季，张角子弟济南人唐周上书密告。朝廷遂逮捕马元义，以车裂处死。灵帝下诏，命三公及司隶校尉调查朝中各部，发现有信奉太平教者格杀勿论。诛杀一千多人。同时下令冀州官员捉拿张角。张角知事情败露，星夜驰往各地，告诉各方首领，一时群起，头束黄巾为标记，当时人称黄巾贼。二月，张角自封天公将军，其弟张宝为地公将军，张梁称人公将军。他们焚烧官府，劫掠城市，州郡官员无力抵抗，大多弃职逃跑。不出一月时间，天下纷纷响应，京城洛阳震动。安平国和甘陵国百姓生擒了其王，以应黄巾军。

三月，戊申（初三），命河南尹何进为大将军，并封为慎侯，统率左、右羽林军及屯骑、步兵、越骑、长水、射声五营将士，驻扎都亭，整顿军备，镇守洛阳。设置函谷关、太谷关、广成关、伊阙关、轘辕关、旋门关、孟津关、小平津关八关都尉。

帝召群臣会议。北地太守皇甫嵩以为宜解党禁，益出中藏钱、西园厩马以班军士。上问计于中常侍吕强，对曰：『党锢久积，人情怨愤，若不赦宥，轻与张角合谋，为变滋大，悔之无救。今请先诛左右贪浊者，大赦党人，料①简刺史、二千石能否，则盗无不平矣。』帝惧而从之。（三月）壬子，赦天下党人，还诸徙者；唯张角不赦。发天下精兵，遣北中郎将卢植讨张角，左中郎将皇甫嵩、右中郎将朱儁讨颍川黄巾。

皇甫嵩、朱儁合将四万余人共讨颍川，嵩、儁各统一军。儁与贼波才战，败；嵩进保长社。汝南黄巾

败太守赵谦于邵陵。广阳黄巾杀幽州刺史郭勋及太守刘卫。波才围皇甫嵩于长社。嵩兵少，军中皆恐。贼依草结营，会大风，嵩约敕军士皆束苣乘城，使锐士间出围外，纵火大呼，城上举燎应之，嵩从城中鼓噪而出，奔击贼阵，贼惊，乱走。会骑都尉沛国曹操将兵适至，五月，嵩、操与朱儁合军，更与贼战，大破之，斩首数万级。

张曼成屯宛下百余日；六月，南阳太守秦颉击曼成，斩之。

皇甫嵩、朱儁乘胜进讨汝南、陈国黄巾，追波才于阳翟，击彭脱于西华，并破之，余贼降散，三郡悉平。

北中郎将卢植连战破张角，斩获万余人，角等走保广宗。植筑围凿堑，造作云梯，垂当拔之。帝遣小黄门左丰视军，或劝植以赂送丰，植不肯。丰还，言于帝曰：『广宗贼易破耳，卢中郎固垒息军，以待天诛。』帝怒，槛车征植，减死一等；遣东中郎将陇西董卓代之。

冬，十月，皇甫嵩与张角弟梁战于广宗，梁众精勇，嵩不能克；明日，乃闭营休士以观其变，知贼意稍懈，乃潜夜勒兵，鸡鸣，驰赴其阵，战至晡时，大破之，斩梁，获首三万级，赴河死者五万许人。角先已病死，剖棺戮尸，传首京师。十一月，嵩复攻角弟宝于下曲阳，斩之，斩获十余万人。

注释 ①料：量度。

译文 灵帝召群臣商议。北地郡守皇甫嵩认为，应解除党禁，拿出皇帝私人钱财及良马赐予出征将士。灵帝询问中常侍吕强意见，吕强说：『党禁已久，人心怨怒，若不予赦免，其易于张角联结，到时叛军阵势更大，追悔莫及。现在，请陛下将贪赃枉法者处死，大赦党人，并考量郡守能力，重新任职。若如此，叛乱将平息。』灵帝惧怕黄巾军威势，便接受吕强意见。三月壬子（初七），灵帝大赦天下党人，已被流放至边疆党人及其家属全部返乡，仅张角不在赦免之列。同时，征调全国精兵，由北中郎将卢植讨伐张角，左中郎将皇甫嵩、右中郎将朱儁征讨颍川地区黄巾军。

皇甫嵩、朱儁领兵四万，共伐颍川黄巾军。皇甫嵩朱儁各率一路部队，朱儁与黄巾军将波才交战，战败；皇甫嵩率军进驻长社，固守县城。汝南郡黄巾军在邵陵击败太守赵谦。广阳郡黄巾军杀死幽州刺史郭勋及其太守刘卫。波才率军将皇甫嵩围困于长社县城。皇甫嵩兵微势单，军中恐慌。黄巾军营寨设于荒野之处，适时狂风大作，皇甫嵩命将士手持芦苇上城。另派勇士包抄后路，放火烧草起兵呐喊。城上军士点燃火把，皇甫嵩带人杀出，直捣敌阵，黄巾军大惊，四散而逃。恰好骑都尉、沛国人曹操统军赶到。五月，皇甫嵩、曹操同朱儁会师，再次出战，大败黄巾军，斩杀数万。

黄巾军将领张曼成驻进宛城城下一百余天。六月，南阳太守秦颉进攻黄巾军，斩杀张曼成。

皇甫嵩、朱儁乘胜追击于汝南和陈国黄巾军，在阳翟追击黄巾军将领波才，在西华攻击黄巾军将领彭脱，皆胜，黄巾军余部归降或逃散，三郡叛乱全部平息。

北中郎将卢植率军连续战败张角，斩杀俘虏黄巾军一万，张角退保广宗县城。卢植率军包围广宗，筑长墙，挖壕沟，制造翻墙云梯，很快攻下广宗。此时，灵帝派小黄门左丰到卢植军中视察。有人劝卢植贿赂左丰，卢植不肯。左丰回到洛阳，对灵帝说：『据守广宗贼寇十分容易攻破，卢植却令将士于营中休息，待天诛张角。』灵帝大怒，以囚车押解卢植回京，派陇西人董卓替代卢植。

冬季，十月，皇甫嵩与张角之弟张梁战于广宗，张梁军队骁勇，皇甫嵩未胜。第二天，皇甫嵩闭营休兵，以待敌情。发现黄巾军松懈，便调集军队，鸡鸣之时，冲杀敌营。战至傍晚，黄巾军大败，张梁被杀，黄巾军死伤三万，五万人落水溺死。张角此前已病故，棺材被撬，乱刀碎尸，头颅被运往洛阳。十一月，皇甫嵩在下曲阳攻杀张角之弟张宝，张宝被杀，黄巾军被杀、被俘总计十余万。